5S
Praticando os Cinco Sensos

Reginaldo P. Lapa • Antônio M. Barros Filho • José F. Alves

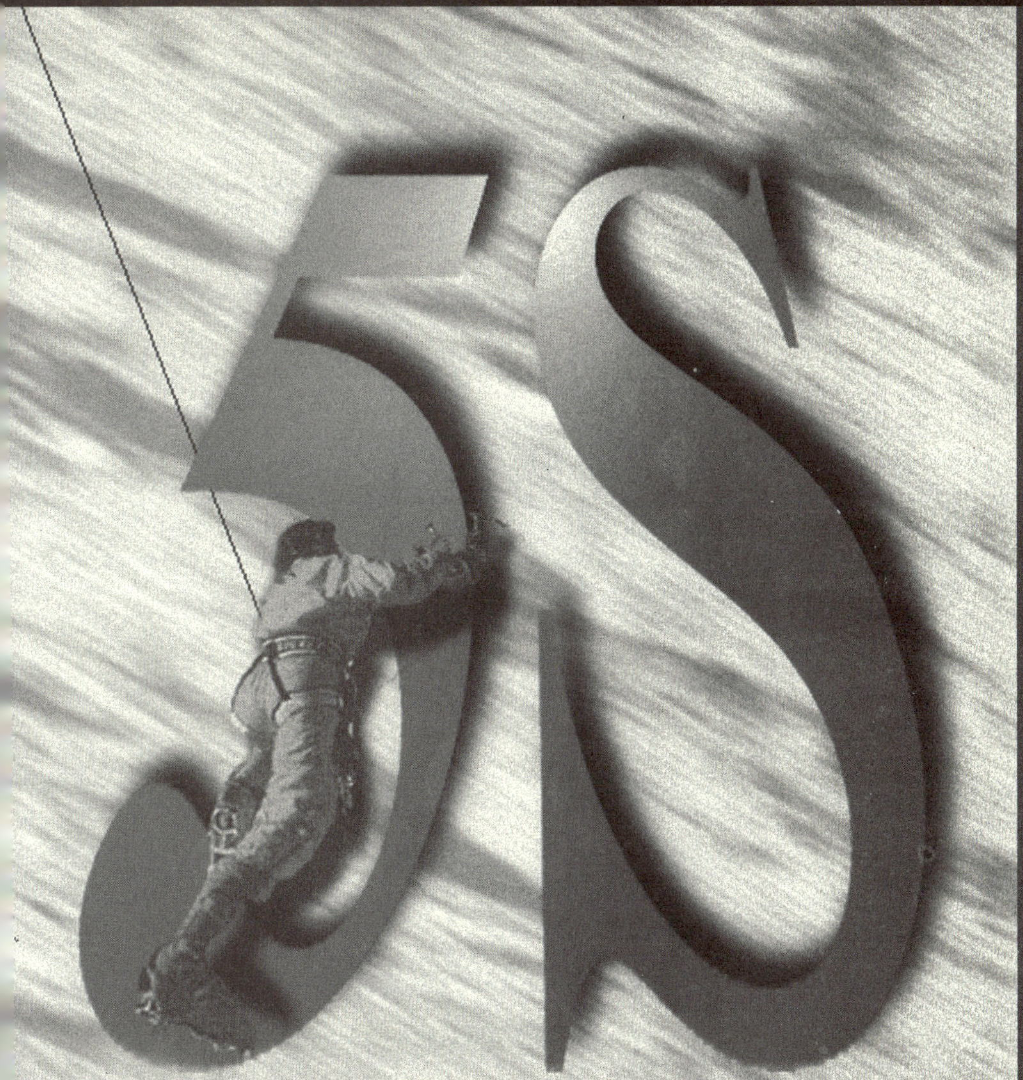

5S
Praticando os Cinco Sensos

4ª Reimpressão

Copyright© 1998 by Reginaldo Pedreira Lapa

Todos os direitos desta edição reservados à Qualitymark Editora Ltda.
É proibida a duplicação ou reprodução deste volume, ou parte do mesmo,
sob qualquer meio, sem autorização expressa da Editora.

Direção Editorial SAIDUL RAHMAN MAHOMED editor@qualitymark.com.br	Produção Editorial EQUIPE QUALITYMARK
Capa WILSON COTRIM	Editoração Eletrônica UNIONTASK
1ª Edição: 1998	1ª Reimpressão: 2001 2ª Reimpressão: 2003 3ª Reimpressão: 2006 4ª Reimpressão: 2009

CIP-Brasil. Catalogação-na-fonte
Sindicato Nacional dos Editores de Livros, RJ

L314p

    Lapa, Reginaldo Pedreira
        Praticando os 5 sensos / Reginaldo Pedreira Lapa. — Rio de Janeiro : Qualitymark, 1998.

        Inclui bibliografia
        ISBN 97-885-7303-851-4

        1. Gestão de qualidade total. I. Título.

96-1560
                                                               CDD 658-562
                                                              CDU 658-56

2009
IMPRESSO NO BRASIL

Qualitymark Editora Ltda.
Rua Teixeira Júnior, 441
São Cristóvão
20921-405 – Rio de Janeiro – RJ
Tel.: (0XX21) 3860-8422

Fax: (0XX21) 3860-8424
www.qualitymark.com.br
E-Mail: quality@qualitymark.com.br
QualityPhone: 0800-263311

DEDICATÓRIA

Dedicamos este texto ao corpo gerencial da Mineração Rio do Norte S.A. (Diretores, Superintendentes, Gerentes, Supervisores e Assessores), nossos clientes internos, sem os quais não teria sido possível produzí-lo.

Na prática, são eles que experimentam as nossas idéias no seu dia-a-dia e as enriquece com suas críticas e sugestões.

O conteúdo básico deste texto é resultante deste processo de aprendizagem recíproca e traduz o estágio atual de Implantação do Programa 5 S na Mineração Rio do Norte S.A., da qual somos parte.

Os Autores

PREFÁCIO

Este texto é o resultado das experiências vividas por nós na condução do processo de Implantação do Programa 5 S na Mineração Rio do Norte S.A.

As dificuldades que tivemos ao longo deste processo, nos últimos três anos, e aquelas observadas em outras organizações, relatadas por pessoas que estão também tentando implantar estes conceitos, motivaram-nos a escrever este texto.

Procuramos mostrar as soluções por nós encontradas durante a implantação, decorrentes de erros e acertos, e resultantes de respostas a perguntas formuladas ao longo desta trajetória, tais como:

Como iniciar?

Por onde iniciar?

Como repassar os conceitos de maneira uniforme?

Como avaliar os resultados?

Como convencer as pessoas a participar?

Como conseguir o comprometimento das pessoas?

Como manter o programa ativo e vivo?
Como manter os ganhos e avanços conseguidos?
Como promover a melhoria?
Como tornar o programa objetivo?

A tentativa de encontrar as respostas para estas perguntas, dentre outras, gerou experiência e aprendizado.

A bibliografia disponível, rica em conceitos, expõe com clareza os benefícios da adoção do programa, mostra resultados conseguidos em outras organizações, porém deixa uma lacuna de informações, principalmente quando se trata do *como* utilizar estes conceitos na prática e objetivamente.

Não temos a pretensão de aqui apresentar uma receita de como implantar, mas registrar a nossa experiência de modo que possa servir como ponto de partida na implantação dos 5 S em outras organizações.

Acreditamos assim estar contribuindo para o movimento da qualidade no nosso país, relatando nossa experiência e desejando que possa ser útil para a construção de um ambiente mais harmônico, saudável, seguro, onde as pessoas sintam prazer em produzir e onde possam exercer o direito de ser feliz através do trabalho.

SUMÁRIO

INTRODUÇÃO XIII
Capítulo 1   CONCEITOS DOS "5 S" 1
   1.1   O Que é o "5 S" 1
   1.2   O Significado de Cada "S" 4
      1.2.1   Senso de Utilização 4
      1.2.2   Senso de Ordenação 5
      1.2.3   Senso de Limpeza 5
      1.2.4   Senso de Asseio 6
      1.2.5   Senso de Autodisciplina 6

Capítulo 2   A IMPORTÂNCIA DOS CONCEITOS
               DOS "5 S" 7
   2.1   O 5 S e os Padrões Operacionais 7
   2.2   O 5 S e a Eficiência do Trabalho 8
   2.3   O 5 S e a Facilidade de Manutenção 9

2.4	O 5 S e a Segurança do Trabalho	10
2.5	O 5 S e o Dia-a-Dia	11
2.6	Os Benefícios do "5 S"	12

Capítulo 3 A IMPLANTAÇÃO DOS CONCEITOS "5 S" . 15

3.1	A Estratégia de Implantação	15
3.2	A Decisão de Implantação	17
3.3	A Estrutura de Apoio à Implantação	17
3.4	O Plano de Implantação	19
3.5	A Mobilização para Implantação	20

Capítulo 4 O MÉTODO DE IMPLANTAÇÃO . 23

4.1	Padronizando Conceitos e Definições	23
4.2	Os Limites da Implantação	24
4.3	A Abrangência da Implantação	25
4.4	As Fases de Implantação	27
4.5	A Forma de Verificação	28

Capítulo 5 PRATICANDO OS 5 SENSOS . 31

5.1	O Giro do PDCA na Implantação		31
	5.1.1	Fase de Preparação	31
	5.1.2	Fase de Implantação	33
	5.1.3	Fase de Manutenção	33
5.2	Praticando o Senso de Utilização		34
	5.2.1	Exemplos da Aplicação do Senso de Utilização	40
5.3	Praticando o Senso de Ordenação		47
	5.3.1	Exemplos da Aplicação do Senso de Ordenação	51
5.4	Praticando o Senso de Limpeza		55
5.5	Praticando o Senso de Asseio		60

5.6 Praticando o Senso de Autodisciplina 68

Capítulo 6 AUDITORIAS 73

6.1 Origem das Auditorias 73

6.2 Características das Auditorias 74

6.3 Habilidades de um Auditor 74

6.4 Etapas de uma Auditoria 75

    6.4.1 Planejamento da Auditoria (P) 75

    6.4.2 Realização da Auditoria (D) 75

    6.4.3 Avaliação da Auditoria (C) 77

    6.4.4 Ações Corretivas (A) 77

Capítulo 7 CERTIFICAÇÃO NO 5 S 79

7.1 Auditoria de Certificação 79

7.2 Preparação para Auditoria do 5 S 80

7.3 Forma de Auditar o 5 S 84

7.4 Os Grupos Auditores 89

7.5 Critério de Certificação 89

7.6 Reconhecimento 89

Capítulo 8 CONCLUSÕES 91

BIBLIOGRAFIA 95

INTRODUÇÃO

O mundo volta-se para uma nova concepção administrativa, buscando a "*sobrevivência*" dos negócios, procurando a *competitividade* através da melhoria de Produtividade e Qualidade, seja na produção de bens ou de serviços.

Enquanto o conceito clássico de administração enfatiza as etapas de Organização, Planejamento e Controle, o conceito emergente enfoca a *Motivação* como meio eficaz de assegurar a Qualidade e alcançar a produtividade e competitividade.

Inegavelmente, trata-se de uma mudança de rumo na condução de qualquer empreendimento, pautada numa mudança profunda de comportamento, seja do empregado, dos empresários e dos administradores envolvidos em toda e qualquer atividade econômica.

Este conceito, que cada vez mais é abraçado pelas empresas na condução dos seus negócios, constitui o que conhecemos como *Gestão da Qualidade Total*.

A implantação desta "*maneira de gerenciar*" resulta na necessidade de investir na mudança de comportamento das pessoas e na quebra das resistências que naturalmente ocorrem em qualquer processo de mudança.

Segundo Hersey, o mecanismo da mudança (Figura 1) exige três elementos básicos: *Conhecimento*, *Habilidade* e *Atitude*. O aporte de conhecimento pode ser conseguido através de treinamento. Porém o conhecimento por si só constitui informação que se perde em algum lugar do nosso cérebro se não for devidamente assimilada. Isto significa que precisamos praticar o conhecimento de modo a ganharmos habilidade e assim assimilar de fato aquilo que aprendemos.

De forma elementar não precisamos de muito esforço mental para andar, falar, embora o processo de aprendizagem seja longo e complexo. Somente conseguimos ganhar habilidade em andar e falar porque os praticamos continuamente.

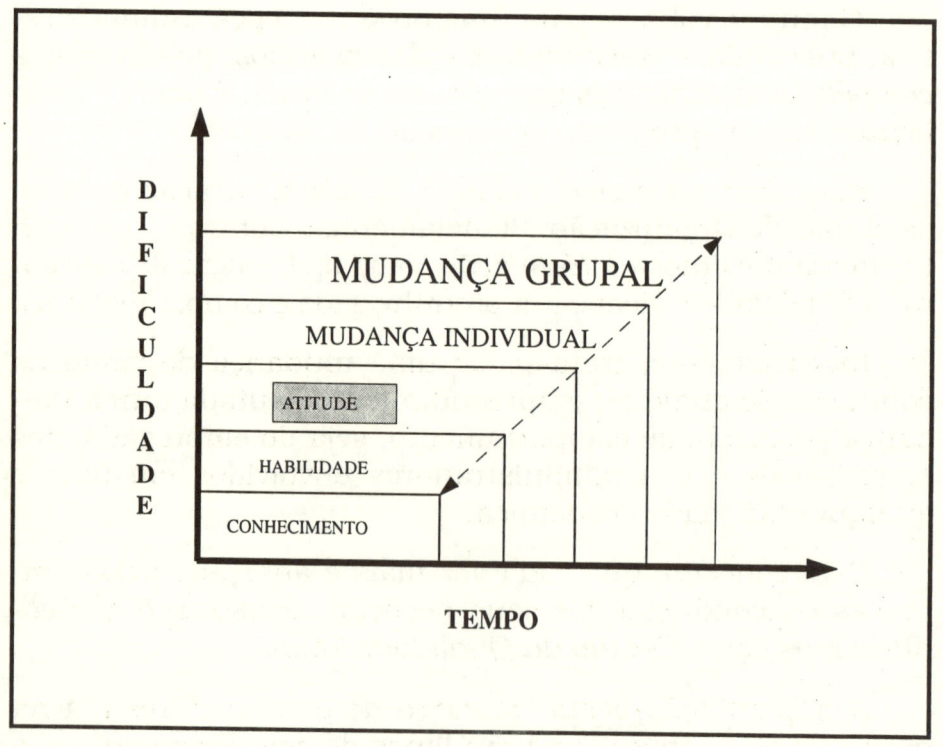

FIG. 1 — MECANISMO DA MUDANÇA.

O terceiro elemento fundamental no processo de mudança e que constitui sua alavanca é a vontade ou necessidade de mudar. A isto denomina-se desenvolver atitudes que predisponham à mudança.

Em situações de *crise*, este comportamento é despertado de forma instintiva. Em outras circunstâncias, ele precisa ser induzido.

Com estes três componentes ativos o indivíduo caminha em direção à mudança, adotando novos comportamentos, os quais são capazes de conduzir outras pessoas a também adotarem estas mudanças.

Experimente jogar uma pequena pedra numa superfície de água parada. A perturbação causada pela pedra provoca uma onda radial que se propaga circularmente em torno de sua origem. É este fenômeno que ocorre com as pessoas quando um indivíduo, parte de um grupo, inicia um processo de mudança. Ele acaba conduzindo outras pessoas na mesma direção, principalmente se ele for identificado e reconhecido como um líder na sua organização. A intensidade do alcance deste efeito será tanto maior quanto maior for o efeito perturbador e quanto mais o indivíduo exercer o papel de referencial no seu meio.

A implantação da Qualidade nas organizações precisa da quebra desta inércia na direção da mudança, e daí decorre a importância dos 5 S como alavancador da Implantação de Sistemas de Gestão da Qualidade, promovendo a quebra de resistência das pessoas ao processo de mudança, produzindo novos padrões de comportamento e propiciando o surgimento de um clima organizacional favorável à implantação da Qualidade Total.

Você deve estar curioso sobre o poder mágico desta ferramenta que é capaz de modificar o clima organizacional. Este poder mágico reside na simplicidade dos conceitos 5 S, na facilidade de praticá-los, na amplitude de seu uso, podendo ser adotado em qualquer tipo de organização, mesmo em família, no seu dia-a-dia. Os resultados decorrentes da aplicação dos conceitos 5 S são visíveis no curto espaço de tempo, não demandam investimentos significativos e beneficiam todas as pessoas envolvidas.

Conceitualmente, podemos dizer que a pratica dos 5 S desenvolve o espírito de equipe, tem marcante contribuição no moral do grupo e é capaz de permear toda a organização, incluindo todas as atividades, sejam elas operacionais ou administrativas.

Em outras palavras, o 5 S é capaz de provocar alterações no ambiente organizacional, contribuindo bastante para aumentar o nível de satisfação daqueles que de fato promovem a qualidade dos processos e dos produtos: as pessoas.

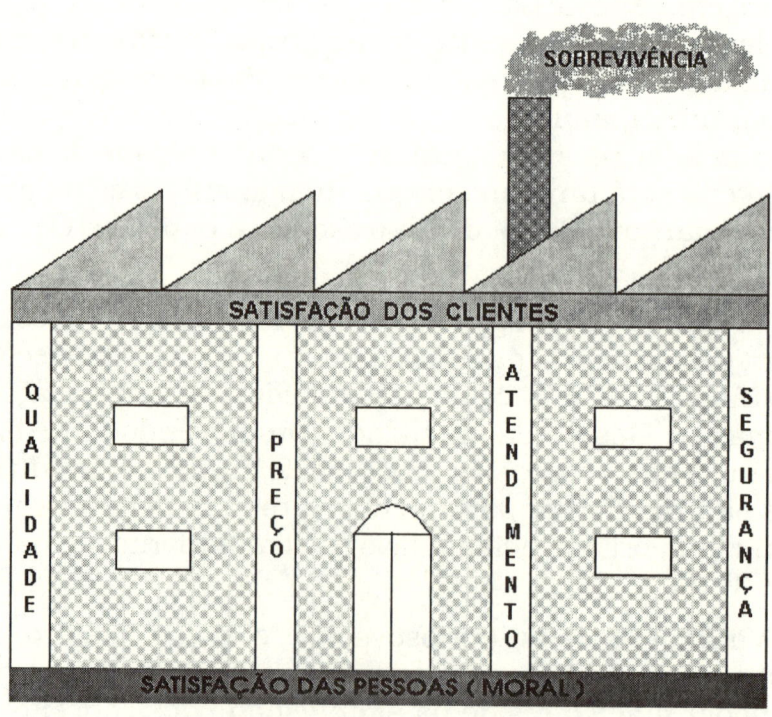

FIG. 2 — MECANISMO DE SOBREVIVÊNCIA.

É este efeito que constitui a base sobre a qual se ergue a Qualidade de processos, produtos e serviços, e sobre os quais se pode construir a sobrevivência de qualquer negócio, conforme ilustra a Figura 2.

Os conceitos 5 S possuem uma profundidade e abrangência que transcendem o aspecto físico e abrangem o emocional, o psicológico, o filosófico e até o espiritual.

Porém, as empresas, de maneira geral, têm abordado a sua implantação, enfatizando a interpretação do conceito no aspecto mais físico. Muito provavelmente, pela nossa formação e educação, o físico seja mais palpável e fácil de lidar.

Embora assim seja, o resultado é espelhado na mudança de hábitos e costumes, até o estágio em que estes novos hábitos e costumes integram-se à maneira de ser das pessoas. À medida que isto vai ocorrendo, as pessoas começam a perceber as outras dimensões dos conceitos e, neste momento

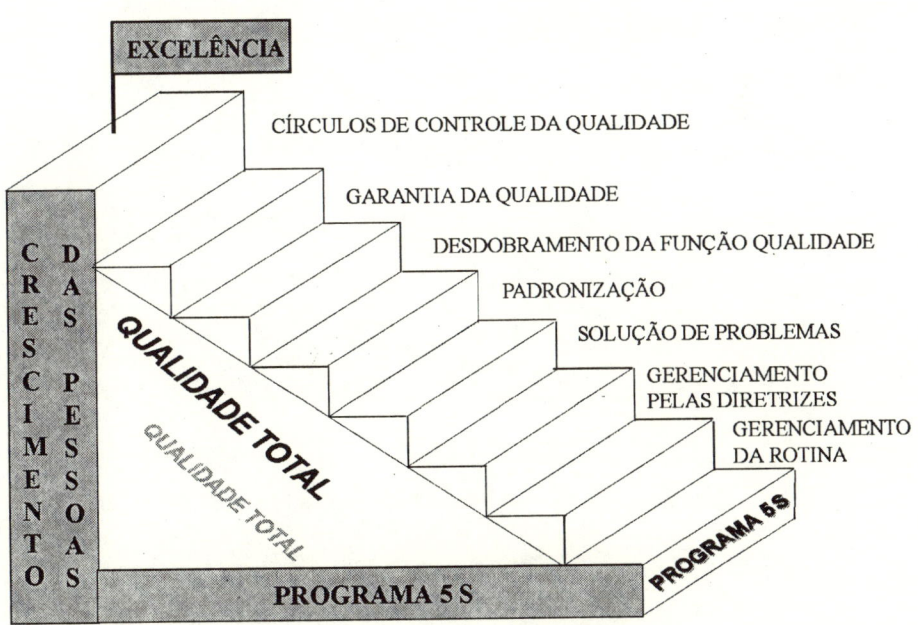

FIG. 3 — O 5 S E A QUALIDADE TOTAL.

o processo de mudança tem continuidade. Por isto, a *prática de fato* dos conceitos 5 S não tem fim e constitui num movimento contínuo que estará a cada instante servindo como catalisador no processo de implantação da Qualidade Total.

A busca da excelência, seja na produção de bens ou serviços, só será consistente se, neste percurso, houver espaço e oportunidade para que as pessoas envolvidas na produção destes bens e serviços cresçam e se desenvolvam.

Portanto, a base de cultura necessária para implantação da Qualidade é, sem dúvida, a assimilação dos conceitos 5 S, os quais estarão sempre presentes em cada passo do caminho da busca da excelência, conforme mostra a Figura 3.

CONCEITOS DOS "5 S" CAPÍTULO 1

1.1 — O QUE É O "5 S"

O 5 S, ou Programa 5 S como é mais conhecido, é um conjunto de cinco conceitos simples que, ao serem praticados, são capazes de modificar o seu humor, o seu ambiente de trabalho, a maneira de conduzir suas atividades rotineiras e as suas atitudes.

As atividades dos 5 S tiveram início no Japão, logo após a Segunda Guerra Mundial, para combater a sujeira das fábricas, tendo sido formalmente lançado no Brasil em 1991.[1]

O termo "5 S" é derivado de cinco palavras em japonês, todas iniciadas com a letra S. Na tradução destes termos do japonês para o inglês, conseguiu-se encontrar palavras que iniciassem com "S" e que tinham o significado aproximado da palavra original. Porém, o mesmo não ocorreu com a tradução para o português.

A melhor forma encontrada para expressar a abrangência e profundidade do significado destes termos foi acrescentar o

---

1 Silva, João Martins – *5 S – O Ambiente da Qualidade*. Fundação Christiano Ottoni, 1994.

termo "**Senso de**" antes de cada palavra em português que mais se aproximasse do termo original. O termo "senso de" significa "*exercitar a capacidade de apreciar, julgar e entender*". Significa ainda a "*aplicação correta da razão para julgar ou raciocinar em cada caso particular*".

Ao conhecer o significado de cada S você poderá avaliar melhor o porquê do uso deste termo auxiliar. Além disto, o seu uso permite manter o nome original do método, conhecido como Programa 5 S, cuja terminologia é mostrada na Tabela 1.

Tabela 1 – Os Cinco Sensos

S	JAPONÊS	INGLÊS	PORTUGUÊS	
1º	Seiri	Sorting	**Senso de**	Utilização Arrumação Organização Seleção
2º	Seiton	Systematyzing	**Senso de**	Ordenação Sistematização Classificação
3º	Seisou	Sweeping	**Senso de**	Limpeza Zelo
4º	Seiketsu	Sanitizing	**Senso de**	Asseio Higiene Saúde Integridade
5º	Shitsuke	Self-disciplining	**Senso de**	Autodisciplina Educação Compromisso

No início de sua aplicação, apenas os três primeiros "S" eram abordados, tendo sido incorporados depois o quarto e o quinto.

Atualmente, outros quatro conceitos já foram acrescidos, tendo-se portanto cohecimento da existência de 9 S, conforme mostra a Tabela 2, embora o nome do método permaneça o mesmo.

Tabela 2 — Quatro Sensos Adicionais

S	JAPONÊS	INGLÊS	PORTUGUÊS
6º	Shikaki	Steadily	Firmeza
7º	Shitsukoku	Stickingly	Dedicação
8º	Seisho	Stating Sonourously	Relato com ênfase
9º	Seido	Simultaneous Action	Ação Simultânea

Como você deve ter percebido, cada "S" é conhecido por diversas denominações. Porém, neste texto, utilizaremos a terminologia de cada "S" da seguinte maneira:

Senso de Utilização .... 1º S

Senso de Ordenação .... 2º S

Senso de Limpeza .... 3º S

Senso de Asseio .... 4º S

Senso de Autodisciplina .... 5º S

1.2 — O SIGNIFICADO DE CADA "S"

Você vai conhecer agora os conceitos de cada S e alguns comentários sobre cada um deles, de modo que você possa perceber e avaliar a abrangência e aplicação prática de cada conceito.

1.2.1 — Senso de Utilização

Ter senso de utilização é identificar materiais, equipamentos, ferramentas, utensílios, informações e dados necessários e desnecessários, descartando ou dando a devida destinação àquilo considerado desnecessário ao exercício das atividades.

Observe que "**guardar**" constitui instinto natural das pessoas. Portanto, o Senso de Utilização pressupõe que além de identificar os excessos e/ou desperdícios, estejamos também preocupados em identificar "**o porquê do excesso**", de modo que medidas preventivas possam ser adotadas para evitar que o acúmulo destes excessos volte a ocorrer. Na terminologia da Qualidade, denominamos esta ação de "**bloqueio das causas**".

Observe que este conceito pode ser aplicado em casa (na cozinha, na despensa, na geladeira, no quarto das crianças etc.), na escola, no lazer etc. Como exemplo, basta verificar aquele espaço da casa onde colocamos tudo que não serve, os brinquedos quebrados que não usamos mais, a roupa velha que guardamos, as revistas e jornais que jamais serão lidos novamente, dentre outros exemplos que você já deve estar imaginando.

Na sentido mais amplo, o Senso de Utilização abrange ainda outras dimensões. Nesta outra dimensão, ter Senso de Utilização é preservar consigo apenas os sentimentos valiosos como amor, amizade, sinceridade, companheirismo, compreensão, descartando aqueles sentimentos negativos e criando atitudes positivas para fortalecer e ampliar a convivência apenas com sentimentos valiosos.

1.2.2 — Senso de Ordenação

Ter Senso de Ordenação é definir locais apropriados e critérios para estocar, guardar ou dispor materiais, equipamentos, ferramentas, utensílios, informações e dados de modo a facilitar o seu uso e manuseio, facilitar a procura, localização e guarda de qualquer item. Popularmente significa **"cada coisa no seu devido lugar"**.

Na definição dos locais apropriados, adota-se como critério a facilidade para estocagem, identificação, manuseio, reposição, retorno ao local de origem após uso, consumo dos itens mais velhos primeiro, dentre outros.

Da mesma forma que o Senso de Utilização, este senso se aplica no seu dia-a-dia. Não é incomum para você as cenas de correria pela manhã à procura da agenda, dos documentos, dos cadernos, das chaves do carro, dos documentos do carro. E na hora de declarar o imposto de renda? É aquela luta para encontrar os documentos, os recibos, a declaração do ano anterior. E as idas e vindas ao mercado? Cada hora falta alguma coisa para comprar. Estas e outras cenas são evitáveis com aplicação do Senso de Ordenação.

Na dimensão mais ampla, ter Senso de Ordenação é distribuir adequadamente o seu tempo dedicado ao trabalho, ao lazer, à família, aos amigos. É ainda não misturar suas preferências profissionais com as pessoais, ter postura coerente, serenidade nas suas decisões, valorizar e elogiar os atos bons, incentivar as pessoas e não somente criticá-las.

1.2.3 — Senso de Limpeza

Ter Senso de Limpeza é eliminar a sujeira ou objetos estranhos para manter limpo o ambiente (parede, armários, o teto, gaveta, estante, piso) bem como manter dados e informações atualizados para garantir a correta tomada de decisões. O mais importante neste conceito não é o ato de limpar mas o ato de **"não sujar"**. Isto significa que além de limpar é preciso identificar a fonte de sujeira e as respectivas causas, de modo a podermos evitar que isto ocorra (*bloqueio das causas*).

No conceito amplo, ter Senso de Limpeza é procurar ser honesto ao expressar, ser transparente, sem segundas intenções com os amigos, com a família, com os subordinados, com os vizinhos etc.

1.2.4 — Senso de Asseio

Ter Senso de Asseio significa criar condições favoráveis à saúde física e mental, garantir ambiente não agressivo e livre de agentes poluentes, manter boas condições sanitárias nas áreas comuns (lavatórios, banheiros, cozinha, restaurante etc.), zelar pela higiene pessoal e cuidar para que as informações e comunicados sejam claros, de fácil leitura e compreensão.

Significa ainda ter comportamento ético, promover um ambiente saudável nas relações interpessoais, sejam sociais, familiares ou profissionais, cultivando um clima de respeito mútuo nas diversas relações.

1.2.5 — Senso de Autodisciplina

Ter Senso de Autodisciplina é desenvolver o hábito de observar e seguir normas, regras, procedimentos, atender especificações, sejam elas escritas ou informais. Este hábito é o resultado do exercício da força mental, moral e física. Poderia ainda ser traduzido como desenvolver o "**querer de fato**", "**ter vontade de**", "**se predispor a**".

Não se trata pura e simplesmente de uma obediência cega, submissa, atitude de cordeiro, como pode parecer. É importante que seu desenvolvimento seja resultante do exercício da disciplina inteligente que é a demonstração de respeito a si próprio e aos outros.

Ter Senso de Autodisciplina significa ainda desenvolver o autocontrole (contar sempre até dez), ter paciência, ser persistente na busca de seus sonhos, anseios e aspirações, respeitar o espaço e a vontade alheios.

A IMPORTÂNCIA DOS CONCEITOS "5 S" — CAPÍTULO 2

2.1 — O 5 S E OS PADRÕES OPERACIONAIS

Padrões operacionais são descrições que especificam os métodos, procedimentos e condições de trabalho, de tal forma que, ao serem adotados, a qualidade requerida do resultado do trabalho possa ser obtida.

Ao mesmo tempo, tais padrões devem garantir a execução das tarefas de forma fácil, correta e segura, sem riscos e num ambiente relaxado.

Padrões operacionais não descrevem apenas seqüências de tarefas ou ações, mas devem especificar também os recursos necessários para sua execução. Isto se torna relevante, pois, a partir do conhecimento disto, o executante pode controlar a eficiência do seu trabalho em termos de facilidade de execução, qualidade do resultado e segurança nas ações.

Em outras palavras, a repetitividade do resultado das tarefas não é assegurado sem a existência de padrões operacionais a serem seguidos, constituindo isto uma das etapas da jornada em busca da produtividade. A adoção de padrões operacionais conduz portanto para uma redução de erros e falhas e conseqüente eliminação de desperdício, seja de tempo, energia ou materiais.

Entretanto, é difícil consolidar a adoção de padrões operacionais em ambientes e situação de desordem relativa a equipamentos, peças, materiais, ferramentas etc. Da mesma forma, a existência de objetos estranhos, poeira, lama, lixo, aparas e outros nos locais de trabalho pode não somente influenciar negativamente na saúde e integridade dos executantes como também causar danos, defeitos e falhas em equipamentos. O resultado disso são quebras inesperadas de equipamentos, ferramentas não disponíveis, deterioração de peças e materiais etc.

Desse modo, o sucesso na adoção de padrões operacionais pode ser obtido somente após estabelecidos os padrões ambientais de Utilização, Ordenação e Limpeza, bem como o desenvolvimento do Senso de Asseio e educação para execução dos padrões, disciplinadamente. Em outras palavras, a adoção dos conceitos 5 S constitui um passo importante e fundamental no desenvolvimento de atitudes positivas na condução da padronização de tarefas.

2.2 — O 5 S E A EFICIÊNCIA DO TRABALHO

Observando a execução de tarefas, normalmente notamos que diversas ações não significam diretamente "trabalho produtivo", isto é, não agregam valor. Tais ações improdutivas envolvem manuseio, transporte de objetos (materiais, peças, ferramentas, etc.), procura de algum item, locomoção, escolha de alguma coisa, solicitação de algo, mudança de posição, dentre outros. Certamente, nestas situações, os distúrbios causados pelos movimentos de desperdício mencionados não contribuem para que as pessoas se concentrem na execução do serviço, além de significarem perda de tempo.

Observe que a identificação dos itens necessários no local de execução da tarefa, o descarte dos itens desnecessários, a disposição destes itens em locais próximos ao uso ou aplicação, a identificação destes, de modo que qualquer pessoa possa reconhecer e localizar rapidamente, a facilidade de acesso e retorno ao local após uso, a limpeza, a disciplina em manter o ambiente organizado, constituem ações que eliminam este desperdício e aumentam a eficiência do trabalho.

2.3 — O 5 S E A FACILIDADE DE MANUTENÇÃO

Os defeitos e falhas em máquinas e equipamentos podem ter várias causas. Muitos são resultantes de procedimentos impróprios, afrouxamento de parafusos, lubrificação inadequada, riscos em superfícies lisas, método inadequado para remoção de materiais estranhos etc.

O descarte de peças e componentes obsoletos e velhos previne a sua aplicação em máquinas e equipamentos. A ordenação de peças, materiais e componentes permite a execução de reparos mais rapidamente. A ordenação de óleos lubrificantes, como por exemplo, a associação de cores dos tipos de óleo e graxa com as graxeiras e pontos de lubrificação pode ajudar a prevenir a utilização de óleo/graxa inadequada. A limpeza tem uma profunda associação com manutenção. A identificação de pequenos defeitos durante a limpeza pode prevenir falhas futuras. A lubrificação inadequada assume dois aspectos: a falta dele ou a deterioração de suas características. Desse modo, defeitos e falhas podem ser evitados se os níveis de lubrificante estiverem sendo verificados periodicamente, pela remoção de sujeira, poeira, água. Materiais estranhos contaminando lubrificantes podem ser responsáveis por travamento, arranhões, desgaste prematuro, danos nas superfícies deslizantes, ruído e vibração anormais, deterioração do lubrificante com perda de suas propriedades etc.

O asseio é importante, como por exemplo na prevenção de ferrugem, atentando para seus possíveis agentes causadores, tais como a roupa das pessoas que trabalham em manutenção (roupa molhada, com poeira ou lama, suja de óleo), prateleiras construídas com madeira verde (úmida), piso da oficina com lama, poeira, água, ar empoeirado, dentre outros.

Em oficinas, várias peças defeituosas são produzidas pela utilização incorreta de peças, materiais e ferramentas. Por exemplo, a furação de uma peça que deveria ser feita em polegada pode ser feita em milímetros, ou vice-versa, o que significa retrabalho e/ou desperdício.

O método de estocagem e guarda de instrumentos de medição, peças, materiais, ferramentas etc. tem relação direta com a ocorrência de arranhões, distorção de dimensão, oxidação, ruptura e quebra.

Como podemos perceber, a adoção dos conceitos 5 S pode ser um aliado na melhoria da qualidade da manutenção, na facilidade, bem como na prevenção de falhas e defeitos.

2.4 — O 5 S E A SEGURANÇA DO TRABALHO

A busca de procedimentos seguros conduz à elaboração de padrões operacionais ideais. Operação segura é garantida quando os padrões operacionais são observados, constituindo o 5 S uma boa ferramenta para obtenção de condições ambientais seguras, onde as pessoas podem exercer sua função confortavelmente, além de constituir um instrumento poderoso de educação, na adoção de atitudes pró-ativas na busca da melhoria do ambiente de trabalho.

Objetos desnecessários nos locais de trabalho podem ser agentes causadores de acidentes. A definição de área para trânsito de pessoas, carga e de materiais indicadas claramente, sinalização adequada de áreas são ações de prevenção de acidentes.

A regulamentação de uso/manuseio de materiais perigosos, avisos de advertência com sinalização visível são fundamentais para que cada pessoa possa visualmente reconhecer e conduzir ações seguras nos locais de trabalho.

Obstáculos próximo ou obstruindo saídas de emergência ou extintores de incêndio devem ser removidos para permitir ações rápidas em caso de emergência. A identificação de locais perigosos e riscos no ambiente de trabalho é o primeiro passo para adoção de medidas corretivas (eliminação de poeira, fumaça, mau cheiro, excesso de umidade e calor etc.), buscando contribuir para a manutenção da saúde e integridade das pessoas.

2.5 — O 5 S E O DIA-A-DIA

A contratação de uma faxineira periodicamente pode nos transmitir a certeza de ter a casa sempre limpa e organizada. A faxineira é capaz de dispor adequadamente todo o mobiliário e utensílios da casa, retirar a sujeira do chão, do teto, das gavetas, organizar os armários e prateleiras.

Porém, é fato que algum tempo depois de executado seu trabalho, às vezes horas depois, os chinelos estarão novamente espalhados e fora do lugar, o tapete sujo, gavetas desarrumadas, livros e revistas espalhados etc.

Além da arrumação visível, a faxineira não é capaz de identificar se os remédios devem ficar aqui ou ali. Se estão no lugar que deveriam estar, se estão vencidos e devem ser descartados, se os eletrodomésticos estarão sempre disponíveis em seus lugares, fáceis de serem encontrados, limpos, e em perfeito estado. Se os procedimentos dos membros da família no cotidiano refletem preocupação com a segurança, com economia, com o não-desperdício, com a afetividade e a compreensão.

Não é incomum adquirir um novo abridor de lata, pois não encontramos o antigo. Os armários e gavetas estarem sendo ocupados por objetos sem serventia. Alimentos sendo consumidos com data de validade vencida. Crianças se acidentando com facas ou fósforos esquecidos sobre algum móvel. Televisão ligada para a sala vazia. Luzes acesas desnecessariamente. A comida feita em excesso indo para o lixo. Objetos entulhados nos cantos ocupando espaço. Muitas outras cenas como estas também não são incomuns. Basta parar e observar.

Da mesma forma como a faxineira, o trabalho dos garis não impede que haja lixo nas calçadas das cidades e que as lixeiras públicas, colocadas estrategicamente, permaneçam vazias ou depredadas.

A partir destes exemplos, você pode avaliar a aplicação dos conceitos dos cinco sensos na sua vida cotidiana e como podem ajudar a melhorar a sua rotina, o seu bolso, o seu ambiente, e constituir um instrumento de educação para o convívio com seu dia-a-dia.

2.6 — OS BENEFÍCIOS DO 5 S

A leitura do texto até aqui deve ter sido suficiente para você avaliar a potencialidade desta ferramenta e o quanto você pode incorporar de mudanças positivas na sua vida em todas as dimensões seja pessoal, profissional, social e familiar.

Compreendendo e incorporando os conceitos através da sua prática, você poderá completar a tabela da página seguinte, que mostra os benefícios que podem ser obtidos a partir da aplicação dos conceitos 5 S.

A tabela em questão é um "Diagrama de Matriz" onde são relacionados vários benefícios ou ganhos que constatamos na nossa experiência de implantação do programa com cada um dos Sensos.

Observem que cada benefício se relaciona com todos os Sensos, mesmo que com intensidades diferentes.

Exemplo: O benefício "Otimização de Espaços" tem uma relação forte (■) com o 1° e o 5° S's, média (◆) com o 2° e fraca (•) com o 3° e 4°.

Sabendo que a lista dos benefícios não termina por aí, propomos que você a complete através da sua prática.

Tabela 3 — Os Efeitos do 5 S

EFEITOS POSITIVOS	1º S	2º S	3º S	4º S	5º S
OTIMIZAÇÃO DE ESPAÇOS	■	♦	●	●	■
MINIMIZAÇÃO DE EXCESSOS	■	●	♦	●	■
CONSCIÊNCIA DO DESPERDÍCIO	■	●	■	●	●
REDUÇÃO DO TEMPO IMPRODUTIVO	♦	■	♦	♦	■
CONSCIÊNCIA DA IMPORTÂNCIA DO CONTROLE	♦	■	●	●	♦
AUMENTO DA VIDA ÚTIL DE FERRAMENTAS E EQUIPAMENTOS	●	●	■	♦	■
PROPICIA A DETECÇÃO DE DEFEITOS E FALHAS	♦	●	■	♦	●
MELHORIA DO ASPECTO VISUAL DO AMBIENTE	■	■	■	♦	♦
MELHORIA DAS RELAÇÕES INTERPESSOAIS	●	■	■	♦	♦
MELHORIA NA COMUNICAÇÃO	●	■	●	●	■
EVIDENCIA A IMPORTÂNCIA DO PADRÃO	■	■	■	■	♦
DESENVOLVE O ESPÍRITO DE EQUIPE	■	■	■	♦	♦
MELHORIA DO CONTROLE SOBRE ITENS DE CONSUMO	■	■	♦	●	●
ESTIMULA A CRIATIVIDADE	■	■	■	●	●
REDUZ O RISCO DE ACIDENTES	■	■	■	●	■
REDUZ O RISCO DE DOENÇAS FUNCIONAIS	♦	●	■	■	♦
REDUZ OS EFEITOS DE AGENTES POLUENTES	♦	●	■	■	♦
PROMOVE A REDUÇÃO DE CUSTOS	■	■	■	■	■

Legenda: ■ Relação Forte   ♦ Relação Média   ● Relação Fraca

A IMPLANTAÇÃO DOS CONCEITOS DOS "5 S" CAPÍTULO 3

3.1 — A ESTRATÉGIA DE IMPLANTAÇÃO

Você deve ter percebido que os conceitos abordados no programa 5 S não constituem nenhuma novidade. Há quem diga que praticar os 5 S é praticar **"bons hábitos"** ou **"bom senso"**.

De fato, a simplicidade dos conceitos e sua aplicação na prática pode nos transmitir a falsa idéia de que é fácil introduzir estes conceitos no trabalho ou em casa.

Esta é a primeira lição aprendida por aqueles que já experimentaram implantar os 5 S. Mesmo as coisas aparentemente simples precisam ser planejadas e sistematizadas. O termo aparentemente simples utilizado acima foi proposital. Embora não pareça, a introdução destes conceitos em uma organização não constitui uma tarefa simples pois a essência do Programa é a promoção da mudança de atitudes e hábitos e isto se faz com um trabalho de educação contínua.

As pessoas não mudam instantaneamente, e daí decorre uma das grandes dificuldades em manter o programa ativo, após iniciado. As pessoas têm seus hábitos criados e moldados pela convivência e experiência incorporada ao longo de suas vidas.

De repente, ao tomarmos conhecimento destes conceitos tão óbvios, nos sentimos seduzidos a iniciar já a sua implantação. Mas, certamente, as atitudes e hábitos decorrentes da prática dos 5 S vão se chocar com os nossos hábitos e atitudes incorporados na nossa maneira de ser e agir.

Este constitui um aspecto crítico da implantação. É a dificuldade de "**romper**" com os conceitos e pré-conceitos arraigados em nós. É preciso que seja criado um clima adequado e condições de alavancagem desta mudança. É preciso dar suporte àqueles que estão conseguindo "romper" e ajudar os que ainda não o fizeram, para que possam seguir a mesma direção dos outros. Este rompimento precisa ser espontâneo para que tenha condições de se perpetuar, removendo de forma definitiva velhos hábitos e atitudes e substituindo-os por outros.

A prática destes conceitos de maneira forçada pode promover uma mudança apenas aparente, existente até que cesse a força que o impeliu a adotar aquela atitude de falsa mudança.

Portanto, a Implantação do Programa 5 S precisa ser sistematizada e planejada em todos os passos, se quisermos garantir a longevidade da mudança incorporada pela adoção daqueles conceitos simples. Quanto maior e mais complexa a organização, maior será a necessidade desta estruturação e mais detalhada ela deverá ser.

No ambiente familiar, a implantação é muito mais simples, não somente pelo número de pessoas envolvidas, mas principalmente pela natureza das relações entre estas pessoas, onde a credibilidade, a confiança, o respeito mútuo e a união estão fortemente sendo exercitados, construídos e compartilhados entre os seus membros.

Da mesma forma, a natureza e intensidade das relações presentes no ambiente organizacional vão influenciar fortemente e podem constituir fator de sucesso ou insucesso na implantação dos 5 S. A implantação será tão mais facilitada quanto mais o clima organizacional se aproximar do modelo das relações familiares.

3.2 — A DECISÃO DE IMPLANTAÇÃO

Por se tratar de um programa que mexe com conceitos e preconceitos, procura educar para incorporação de novos hábitos, envolve mudança de hábitos e atitudes e abrange todos os componentes da organização, é fundamental que a decisão de implantação parta do mais alto nível de autoridade da organização. A decisão por si só será vazia se não houver o comprometimento com o programa, por parte de quem decidiu pela sua implantação. Este comprometimento precisa ser traduzido em ações praticas, visíveis e compreensíveis para o público liderado. Exemplo destas ações pode ser:

— Formalizar por escrito a intenção;
— Definir prioridades e metas;
— Disponibilizar recursos para a implantação;
— Dispor de instrumentos de verificação e acompanhamento da evolução da implantação;
— Acompanhar sistematicamente a implantação;
— Servir como referência, demonstrando mudança de hábitos e atitudes.

3.3 — A ESTRUTURA DE APOIO À IMPLANTAÇÃO

Faz-se necessário designar um coordenador de implantação, cuja função é adquirir conhecimento sobre os conceitos, elaborar um Plano de Implantação, sistematizar a implantação, servir como consultor interno, promover treinamento, orientar a implantação, promover o engajamento de outras pessoas, controlar a implantação, relatar sucessos e insucessos.

Dependendo do tamanho e complexidade da organização, outras pessoas deverão ser envolvidas e convidadas a compor a equipe de implantação, em tempo integral ou parcial.

Não é incomum utilizar os departamentos da própria organização para exercerem atividades específicas do Plano de Implantação, cujos responsáveis compõem a equipe de implantação. Por exemplo, o gerente de Comunicação pode ser responsável pelas atividades de promoção do programa 5 S, o gerente de treinamento pela promoção de treinamento etc., e assim envolver a estrutura formal da organização, na equipe de Implantação do Programa 5 S.

O coordenador do 5 S pode ser o próprio coordenador designado para coordenar a Implantação da Qualidade, se houver, dependendo de sua carga de trabalho. Neste caso, é comum que a estrutura de implantação do 5 S esteja subordinada à estrutura de implantação da Qualidade.

Como a prática dos 5 S constitui um meio de prevenção de acidentes, promoção de saúde e eliminação de fatores poluentes, o gerente de Segurança, o médico do Trabalho ou o gerente de Meio Ambiente podem desempenhar bem o papel de Coordenador da implantação do 5 S.

Em organizações de menor porte, apenas uma pessoa pode ser suficiente, acumulando as tarefas da implantação (coordenação, treinamento, promoção e controle), às vezes até em tempo parcial, dependendo do seu porte e complexidade.

Especial atenção deve ser dada à escolha do coordenador. É importante que a pessoa indicada para esta tarefa preencha alguns requisitos, tais como: ser uma pessoa interessada, persistente, curiosa, estudiosa, ter facilidade em comunicar, habilidade em convencer outras pessoas, ser uma pessoa de reconhecida liderança e respeito no meio organizacional, dentre outros. A escolha de um bom coordenador constitui um fator importante no sucesso da implantação do 5 S.

3.4 — O PLANO DE IMPLANTAÇÃO

O Plano de Implantação constitui o guia das ações a serem executadas visando a implantação dos conceitos 5 S. Elaborar um plano é definir "**o que**" deve ser feito, "**quem**" deve fazer, "**quando**" será feito, "**onde**" será feito e "**como**" deverá ser feito.

Em organizações de maior porte, o Plano de Implantação costuma ser mais abrangente. Isto significa que as ações definidas não são executivas mas desdobráveis, assumindo a forma de um plano diretor.

Nestes casos, cada fase do plano deve ser desdobrado em ações executáveis, pelos respectivos responsáveis por cada uma delas.

Em organizações de menor porte, o plano pode ser mais simplificado, especificando diretamente as ações ditas executivas. Por ações executivas entende-se aquelas que possam ser associadas a uma tarefa específica e que possa ser executada por uma única pessoa.

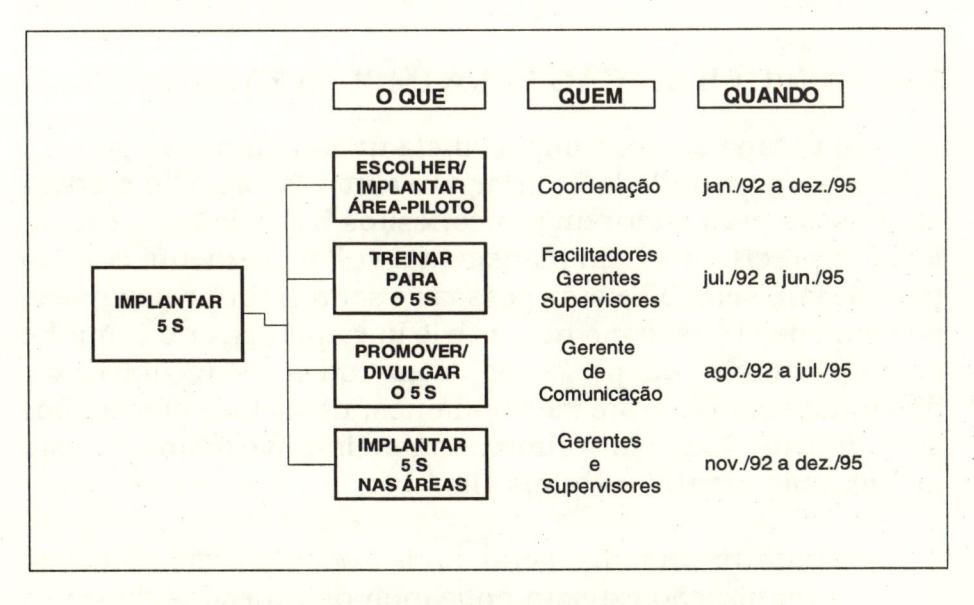

IMPLANTAR 5 S	O QUE	QUEM	QUANDO
	ESCOLHER/ IMPLANTAR ÁREA-PILOTO	Coordenação	jan./92 a dez./95
	TREINAR PARA O 5 S	Facilitadores Gerentes Supervisores	jul./92 a jun./95
	PROMOVER/ DIVULGAR O 5 S	Gerente de Comunicação	ago./92 a jul./95
	IMPLANTAR 5 S NAS ÁREAS	Gerentes e Supervisores	nov./92 a dez./95

FIG. 4 — PLANO GENÉRICO DE IMPLANTAÇÃO.

As Figuras 4 e 5 constituem exemplos de Planos de Implantação.

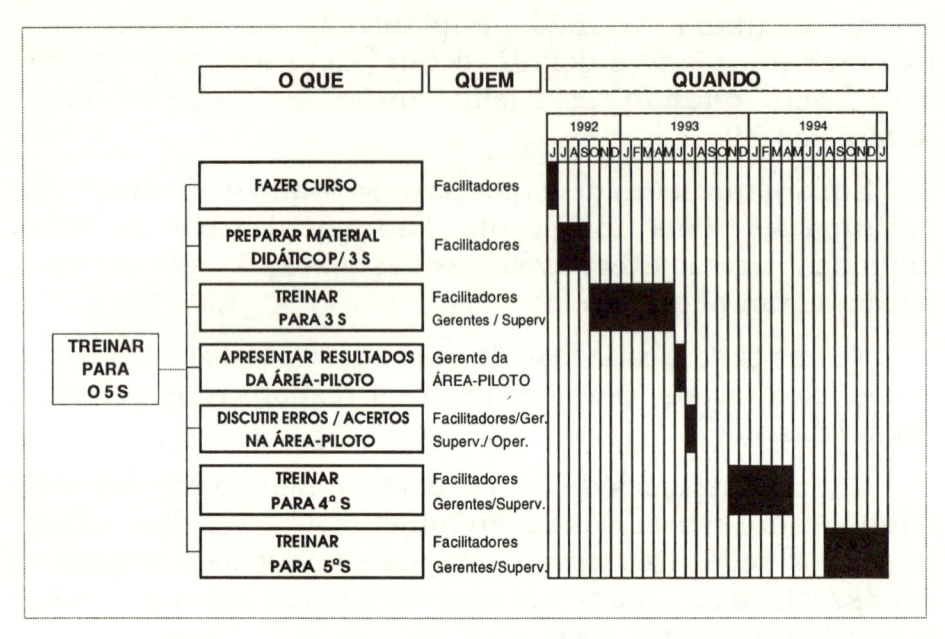

O QUE	QUEM	QUANDO
FAZER CURSO	Facilitadores	
PREPARAR MATERIAL DIDÁTICO P/ 3 S	Facilitadores	
TREINAR PARA 3 S	Facilitadores / Gerentes / Superv	
APRESENTAR RESULTADOS DA ÁREA-PILOTO	Gerente da ÁREA-PILOTO	
DISCUTIR ERROS / ACERTOS NA ÁREA-PILOTO	Facilitadores/Ger. Superv./ Oper.	
TREINAR PARA 4° S	Facilitadores Gerentes/Superv.	
TREINAR PARA 5°S	Facilitadores Gerentes/Superv.	

(agrupados sob "TREINAR PARA O 5 S")

FIG. 5 — DETALHAMENTO DO PLANO DE IMPLANTAÇÃO.

3.5 — A MOBILIZAÇÃO PARA IMPLANTAÇÃO

Esta etapa assume importância na implantação, pois é a primeira oportunidade de criar um clima favorável e motivar as pessoas para aderirem aos conceitos 5 S e de fato praticá-los. Ela precisa ser bem planejada e suficientemente criativa para de fato sensibilizar as pessoas e ser o embrião da criação do clima de entusiasmo necessário para percorrer o caminho da implantação do programa, com todas as facilidades e dificuldades. Conforme mencionamos, nesta fase precisamos ser criativos. Existem inúmeras maneiras de promover esta mobilização, dentre as quais citamos:

— Instituir um dia geral onde todos os membros da organização estejam aplicando os conceitos do senso de utilização;

- Promover o dia geral da limpeza;
- Promover campanha com cartazes;
- Expor os objetos descartados durante um período;
- Executar uma experiência-piloto numa área específica, aplicar os conceitos e convidar outras pessoas a visitarem;
- Promover concurso interno de frases, logomarca do programa;
- Apresentação de peças teatrais sobre o tema;
- Promover a apresentação e mostra de trabalhos e resultados obtidos em outras organizações etc.

Não importa o meio que você venha a escolher. O importante é que ele seja precedido de um "**treinamento nos conceitos**", de tal forma que as pessoas possam assimilar os conceitos que estão sendo demonstrados.

É relevante que a etapa de mobilização não seja uma atividade ou ação desconexa. É fundamental que seja planejada com cuidado, que sejam estabelecidos objetivos e definidos meios, de tal forma que se possa verificar se as ações foram, de fato, eficazes.

Na realidade, a mobilização não deve ser apenas um estado de predisposição inicial. Ela precisa se manter até que os conceitos estejam de fato assimilados e sendo praticados como parte da rotina.

O MÉTODO DE IMPLANTAÇÃO
CAPÍTULO 4

4.1 — PADRONIZANDO CONCEITOS E DEFINIÇÕES

Podemos dizer que o Programa 5 S é uma forma de introduzir melhorias nos ambientes nos quais vivemos, a partir de ações no nosso dia-a-dia.

A nossa experiência na implantação do Programa 5 S nos ensinou que estas ações precisam ser sistematizadas de forma que sejam coerentes entre si, levando em consideração os valores e cultura da organização onde o programa será implantado. Entendemos que sistematizar significa definir previamente os passos a serem dados ao longo do processo de implantação, a padronização de formulários, a equalização da linguagem, a uniformização dos conceitos, a forma de reconhecimento, a forma de verificação, o fluxo de informações etc.

Sem isto, corremos o risco de não ultrapassarmos a fase de euforia inicial, de aplicação não-uniforme dos conceitos, de cada um fazer da maneira que julgar mais adequada, de não garantir a manutenção dos ganhos, de não promover a busca de melhorias, e tudo isto pode conduzir a situações em que haja perda da credibilidade no Programa, o que fatalmente significará a sua baixa aceitação, sinônimo de insucesso na Implantação.

O mais difícil na implantação do 5 S, não é começar. O mais difícil é manter o que foi conseguido, fomentar a melhoria contínua até que os hábitos e atitudes novas sejam incorporados à rotina. A Figura 6 mostra as definições consideradas essenciais de serem feitas na fase inicial e a importância de cada uma delas.

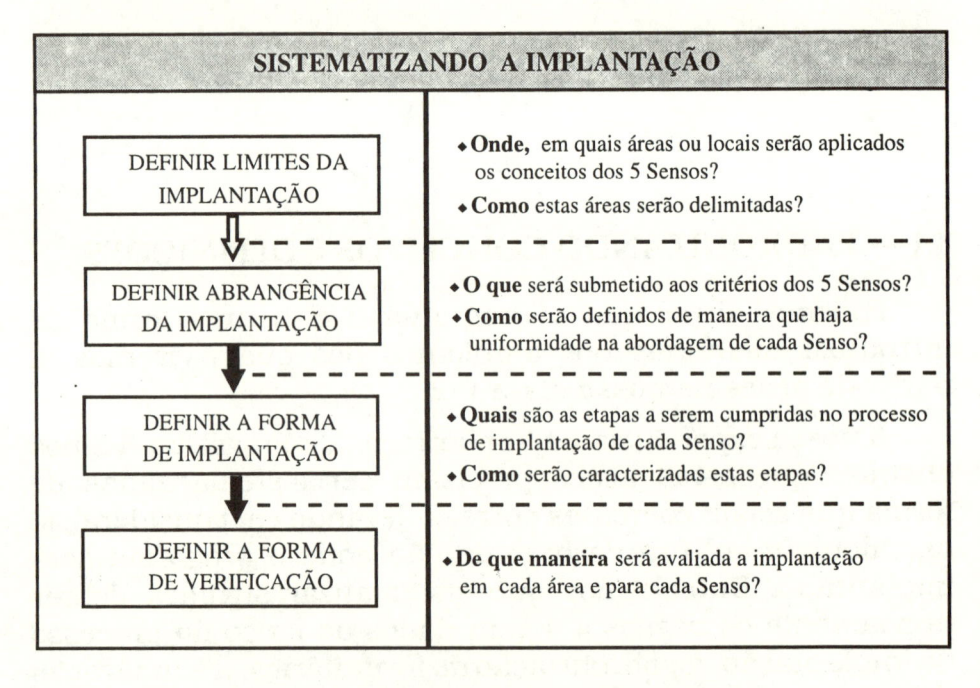

SISTEMATIZANDO A IMPLANTAÇÃO	
DEFINIR LIMITES DA IMPLANTAÇÃO	◆ **Onde,** em quais áreas ou locais serão aplicados os conceitos dos 5 Sensos? ◆ **Como** estas áreas serão delimitadas?
DEFINIR ABRANGÊNCIA DA IMPLANTAÇÃO	◆ **O que** será submetido aos critérios dos 5 Sensos? ◆ **Como** serão definidos de maneira que haja uniformidade na abordagem de cada Senso?
DEFINIR A FORMA DE IMPLANTAÇÃO	◆ **Quais** são as etapas a serem cumpridas no processo de implantação de cada Senso? ◆ **Como** serão caracterizadas estas etapas?
DEFINIR A FORMA DE VERIFICAÇÃO	◆ **De que maneira** será avaliada a implantação em cada área e para cada Senso?

FIG. 6 — SISTEMATIZANDO A IMPLANTAÇÃO.

4.2 — OS LIMITES DA IMPLANTAÇÃO

Definir os limites significa estabelecer "**onde**" serão implantados os 5 S.

A implantação dos 5 S é feita por **área, local de trabalho** ou **posto de serviço**, definidos como "todo e qualquer espaço físico onde uma ou mais pessoas executam suas atividades de forma rotineira".

Exemplos de áreas, postos ou locais de trabalho são oficinas, salas de máquinas, salas de controle, arquivo morto, ambulatório, escritório, refeitório, cozinha etc.

As definições de onde será implantado e a delimitação das áreas de implantação deve atender ao princípio da **Autoridade e Responsabilidade**. Isto significa que somente podemos responsabilizar alguém por algum resultado se este alguém tiver autoridade sobre aquilo que influi naquele resultado.

A exceção fica por conta das áreas denominadas **comuns** ou **coletivas**, que são aquelas áreas compartilhadas por várias pessoas, e nenhuma delas tem responsabilidade e autoridade sobre elas, individualmente. Mesmo assim, para cada área comum ou coletiva deverá ser indicado um responsável.

Exemplo de áreas comuns ou coletivas são banheiros, corredores, salas de reunião etc.

Na definição das áreas de implantação, procure a participação de todas as pessoas que atuam naquele local. Não teorize sobre o assunto. Procure defini-las no local e não no papel.

4.3 A ABRANGÊNCIA DA IMPLANTAÇÃO

Definir a abrangência significa estabelecer "*o que*" será submetido aos conceitos 5 S. Em outras palavras, significa estabelecer o que será objeto de verificação. Nós denominamos isto de **Quesitos** e os definimos como: Espaço, Mobiliário, Dispositivos, Documentos e Matéria-Prima, assim caracterizados:

Espaço: Local próprio para a execução de tarefas, trânsito de pessoas, equipamentos, materiais ou áreas para depósito/guarda de ferramentas, materiais, equipamentos, matéria-prima e dispositivos.

Mobiliário: Todo bem utilizado para acomodar pessoas ou materiais, decorar ambientes ou ainda guardar documentos.

Ex.: Cadeira, mesa, arquivos, armário, estante, vaso de planta, porta-clipes, escadas, quadros etc.

Dispositivos: Todo equipamento mecânico, elétrico ou eletrônico que contribui para execução de alguma tarefa, de forma acessória.

Ex.: Automóvel, terminal de computador, luminárias, tomadas elétricas, relógio de mesa ou parede, extintor de incêndio, eletrodoméstico, calculadora, ferramentas manuais, grampeadores etc.

Documentos: Toda informação e/ou comunicação que tenha como meio o papel ou registro eletrônico, cuja finalidade seja servir de consulta, leitura, fonte de dados ou estudo.

Ex.: Relatórios, gráficos, folha de dados, livros, boletins, manuais, mensagens de correio eletrônico, *software* etc.

Matéria-Prima: Todo material de consumo empregado pela área para:

— Desenvolver suas atividades;

— Proteção da equipe;

— Conforto da equipe.

Ex.: Fios, cabos, peças de reposição (componentes elétricos, mecânicos e eletrônicos), material de limpeza e higiene, canetas, blocos de papel em branco, clipes, borracha, impressos e formulários novos, EPIS (Equipamentos de Proteção Individual), copos para café, água etc.

Importante: Embora conceitualmente cada S tenha abrangência que transcende o aspecto físico (veja Capítulo 1), optamos por estruturar a sua implantação sem considerar a verificação direta de outros aspectos que não fossem físicos. Na nossa interpretação, as outras dimensões dos conceitos vão sendo incorporadas pouco a pouco, à medida que cada um começa a praticá-los. Isto significa que a prática dos conceitos de cada S, da forma que foi conduzida, é capaz de por si só induzir as pessoas para o entendimento da abordagem holística de cada conceito. Praticando os conceitos, as pessoas têm a oportunidade de refletir e incorporar estas outras dimensões aos seus hábitos e costumes, se assim decidirem.

Além disto, esta subjetividade, associada às outras dimensões dos conceitos 5 S, dificulta a verificação sistemática e objetiva, principalmente em se tratando de hábitos e atitudes de pessoas.

4.4 — AS FASES DE IMPLANTAÇÃO

A condução da Implantação propriamente dita foi divida em três estágios, aplicados a cada S, individualmente, os quais denominamos de **Fase de Preparação, Fase de Implantação** e **Fase de Manutenção**, associadas ao ciclo PDCA (*P*lan, *D*o, *C*heck e *A*ction).

Na Fase de Preparação, identificam-se e relacionam-se os problemas ou não-conformidades e planejam-se as ações de eliminação dos sintomas e causas. Esta fase constitui o **P** do ciclo PDCA.

A eliminação de fato dos sintomas e causas ocorre na Fase de Implantação, onde as ações planejadas na fase anterior são então executadas. Esta fase corresponde às etapas de execução (**D**) e verificação (**C**) do ciclo PDCA.

A Fase de Manutenção é a oportunidade de consolidar os ganhos obtidos na fase de implantação, de forma a garantir que não haverá retrocesso.

Corresponde à etapa de padronização das ações de bloqueio contra reincidência, etapa **A** do ciclo PDCA.

A Tabela 4 mostra simplificadamente as ações relevantes em cada fase (Preparação, Implantação e Manutenção) na adoção de cada S.

Tabela 4 — Ações para Implantação dos 5 Sensos

SENSOS	FASES		
	P	D C	A
	PREPARAÇÃO	IMPLANTAÇÃO	MANUTENÇÃO
UTILIZAÇÃO	• Identificar "o que" é necessário para execução da tarefas e "por que" necessitamos daquilo.	• Prover "o que" é necessário para execução da tarefas e **descartar** aquilo julgado **desnecessário** ou em excesso.	• Estabelecer procedimentos para inclusão/exclusão.
ORDENAÇÃO	• Definir "onde" e "como" dispor os itens necessários para a execução das tarefas.	• Guardar, acondicionar e sinalizar de acordo com as definições feitas na fase anterior.	• Consolidar os ganhos obtidos na fase de implantação de forma a garantir que os avanços e ganhos sejam mantidos. • Estabelecer plano de verificação periódico.
LIMPEZA	• Identificar as **fontes de sujeira**, identificar **causas, limpar** e **planejar** a eliminação das fontes de sujeira.	• Eliminar as fontes de sujeira.	• Padronizar as ações de bloqueio que se mostraram eficazes na eliminação das causas.
ASSEIO	• Identificar os **fatores higiênicos de risco** nos locais de trabalho e **planejar** ações para eliminá-los.	• Eliminar os riscos do ambiente de trabalho **ou atenuar seus efeitos**.	• Promover ações de bloqueio contra reincidência (mecanismo à prova de bobeiras).
AUTODISCIPLINA	• Identificar não-conformidades nos padrões existentes e as oportunidades de melhorias para os 4 outros sensos. • Planejar as melhorias	• Eliminar as não-conformidades encontradas na fase anterior. • Promover as melhorias.	• Rever os padrões. • Elaborar padrões referentes às melhorias implementadas.

4.5 — A FORMA DE VERIFICAÇÃO

Considerando que no meio empresarial a função de Auditoria é ainda malvista, principalmente por ter sido transformada em instrumento de identificação de culpados, tivemos cuidado ao estruturar a forma de verificação e utilizar a auditoria.

Deste modo, instituímos dois instrumentos de verificação: a **Verificação de não-conformidade**, cuja execução fica a cargo da própria equipe da área onde o 5 S está sendo implantado, e a **Auditoria de Certificação**, executada por um grupo auditor.

Esta forma de verificação permitiu orientar a implantação, promover o comprometimento, sedimentar a relação autoridade-responsabilidade, dando autonomia aos gerentes para condução da implantação dos 5 S sem interferência direta da coordenação de implantação, uma vez que os conceitos e a forma de verificação foram previamente definidas.

A verificação de não-conformidade é a preparação para certificação. A sua condução é feita pela equipe da área que deseja se preparar para certificação, coordenada pelo líder desta equipe, e o nível hierárquico superior, cuja participação gera comprometimento com os recursos eventualmente necessários e as ações a serem consumadas pelo grupo.

O resultado desta verificação é um **Plano de Ação** para adequar tudo aquilo que foi identificado como "**não-conforme**", de acordo com os conceitos de cada S. O plano contém o que deve ser feito, por quem e quando deve ser concluída cada ação. Nesta oportunidade, a equipe define em que data estará apta a ser submetida à Auditoria de Certificação.

A **auditoria de certificação** é constituída de observações baseadas em perguntas objetivas aplicadas a todos os quesitos (espaço, mobiliário, dispositivos, documentos, matéria-prima) em cada fase (preparação, implantação e manutenção) relativo a cada Senso. De acordo com a situação encontrada, cada item é classificado em vermelho, amarelo ou verde, associado a uma pontuação. A auditoria de certificação é conduzida por um grupo de pessoas que utilizam um protocolo padronizado. Por se tratar de uma etapa muito importante e relevante para o processo de implantação dos conceitos, dedicamos os Capítulos 6 e 7 a este assunto.

PRATICANDO OS 5 SENSOS — CAPÍTULO 5

5.1 — O GIRO DO PDCA NA IMPLANTAÇÃO

Neste capítulo, procuramos detalhar a metodologia apresentada no capítulo anterior, de tal forma que possa servir de guia para a implantação dos 5 Sensos.

A prática dos 5 Sensos, conforme nossa experiência, foi conduzida abordando um conceito de cada vez, utilizando a seqüência mostrada na Figura 7, que reproduz o giro do PDCA.

Para facilitar a compreensão, entendimento, aplicação do método e a verificação, a implantação de cada senso foi distribuída em três fases: Preparação, Implantação e Manutenção, conforme já mencionado no Capítulo 4.

5.1.1 — Fase de Preparação

Nesta fase procura-se identificar as causas das não-conformidades e estabelecer as ações que devem ser tomadas no sentido de eliminá-las. A identificação da causa pode ser

32 PRATICANDO OS 5 SENSOS

P — PREPARAÇÃO
- VERIFICAR NÃO-CONFORMIDADES
- PRIORIZAR PROBLEMAS
- IDENTIFICAR CAUSAS DOS PROBLEMAS
- PLANEJAR AÇÕES DE BLOQUEIO

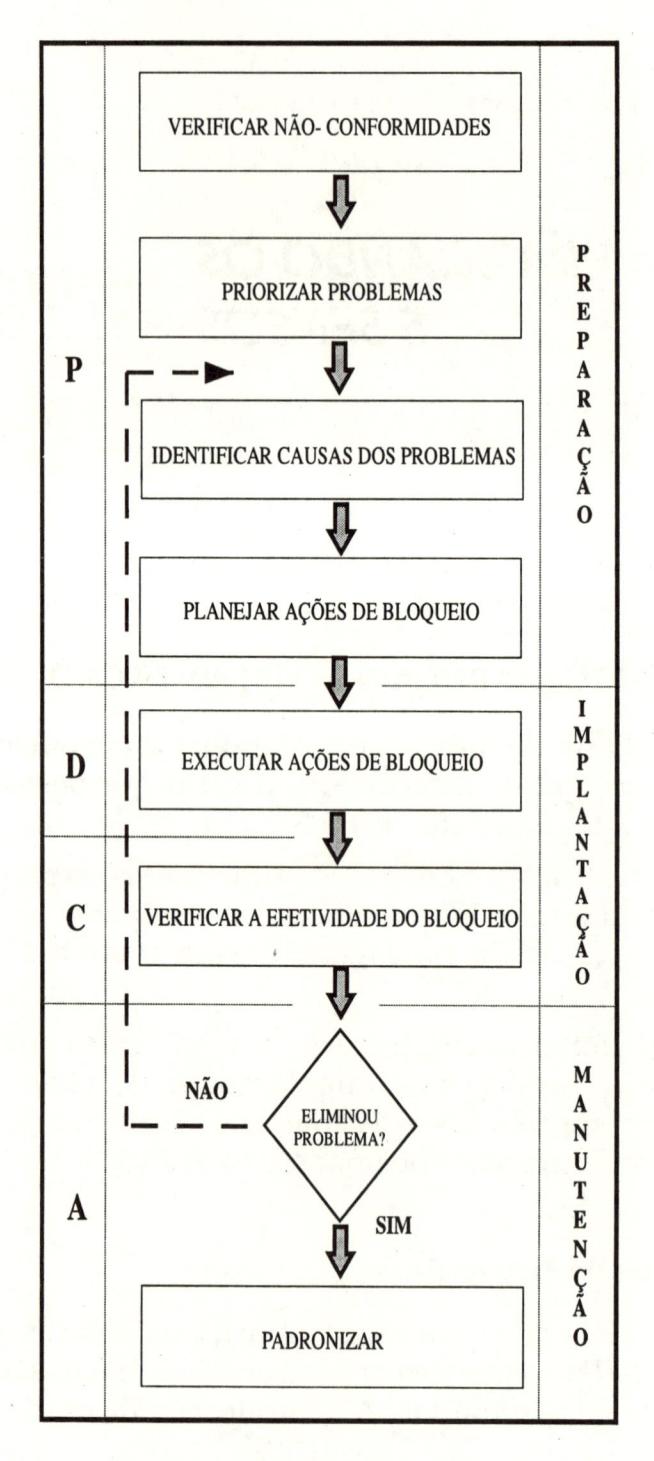

D — IMPLANTAÇÃO
- EXECUTAR AÇÕES DE BLOQUEIO

C — IMPLANTAÇÃO
- VERIFICAR A EFETIVIDADE DO BLOQUEIO

A — MANUTENÇÃO
- ELIMINOU PROBLEMA?
  - NÃO → (retorna a IDENTIFICAR CAUSAS DOS PROBLEMAS)
  - SIM → PADRONIZAR

FIG. 7 — PDCA DA PRÁTICA DO 5 S.

fácil, de tal forma que o uso do método dos 5 porquês seja suficiente. Em algumas situações, o uso do PDCA para a solução de problemas poderá ser necessário.

De qualquer forma, a eliminação do sintoma deve ser previsto, enquanto não se identifica a causa. Em outras circunstâncias, as causas podem ser de difícil remoção, seja pela necessidade de investimento ou mudança significativa no processo. Neste caso, a ação planejada deve enfocar, de imediato, a minimização do efeito (não-conformidade).

O resultado desta fase é sempre um Plano de Ação, buscando eliminar as não-conformidades, bloquear causas e/ou minimizar efeitos.

5.1.2 — Fase de Implantação

Nesta etapa são executadas as ações de bloqueio de causa dos problemas identificados na fase de preparação, assim como as ações de minimização dos efeitos.

Na fase de implantação verifica-se ainda se as ações executadas foram efetivas, isto é, se as causas foram de fato bloqueadas e se os efeitos indesejáveis foram eliminados e/ou minimizados, conforme o resultado esperado. Se isto não aconteceu, você provavelmente não identificou corretamente a causa da não-conformidade ou problema. Neste caso, volte à fase anterior (preparação), observe novamente o problema, identifique a causa real e planeje nova ação de bloqueio.

5.1.3 — Fase de Manutenção

Uma vez constatado que o bloqueio foi efetivo e a não-conformidade eliminada, providencie para que ela não mais se repita. Padronize as ações, dê conhecimento a todos os envolvidos, treine as pessoas para a condução dos procedimentos e institua uma forma simplificada de verificar, periodicamente, se os procedimentos estão sendo adotados e seguidos.

5.2 — PRATICANDO O SENSO DE UTILIZAÇÃO

Conforme você já compreendeu, ter **Senso de Utilização** significa manter na área ou local de trabalho apenas o que realmente é necessário para a execução das tarefas.

As Tabelas 5, 6, 7, 8 e 9 irão ajudá-lo a conquistar o **Senso de Utilização** no seu local de trabalho. Nestas tabelas procuramos estabelecer passo a passo as ações e os procedimentos necessários para aplicação e prática deste senso.

As ações indicadas nas tabelas acima referidas procuram abranger:

- *O Espaço* que ocupamos para desenvolver nossas atividades (quartos, salas, oficinas, cozinhas etc.) e locais para guarda de ferramentas, equipamentos, materiais, eletrodomésticos etc.

- *O Mobiliário* existente no nosso ambiente (mesas, cadeiras, armários, arquivos, sofá, guarda-roupas etc.).

- *Os Dispositivos* que empregamos no nosso dia-a-dia (ferramentas, furador, microcomputador, terminais, pratos, talheres etc.).

- *Os Documentos* de interesse da área ou pessoais (circulares, padrões, catálogos, informações gerais, contas de luz, água e telefone, certidões de nascimento, casamento etc.).

- *A Matéria-prima* consumida no nosso dia-a-dia ou no processo (peças de reposição, papel, material de limpeza, alimentos em geral etc.).

O volume de materiais servíveis (móveis, dispositivos, matéria-prima etc.) colocados em disponibilidade na prática deste senso costuma ser formidável. Dimensionar estes ganhos e divulgá-los internamente é muito importante como ação motivadora do programa.

Tabela 5

1º S – SENSO DE UTILIZAÇÃO – FASE DE PREPARAÇÃO

QUESITO	AÇÕES	COMO PROCEDER	OBSERVAÇÕES
ESPAÇO	◆ Identificar onde ocorre cada tarefa do processo.	◆ Discutir com as pessoas envolvidas.	◆ Cuide para que cada tarefa seja executada em local adequado e preparado para tal.
MOBILIÁRIO	◆ Identificar o mobiliário existente.	◆ Fazer as seguintes perguntas: - Por que temos este móvel? - Seu uso e freqüência justificam a sua existência?	◆ Certifique-se de que o uso reflete a real necessidade do trabalho. ◆ Cuidado com as improvisações.
DISPOSITIVOS	◆ Identificar os dispositivos existentes.	◆ Fazer as seguintes perguntas: - Por que temos este dispositivo? - A freqüência de uso justifica tê-lo no local de trabalho? - Outras pessoas utilizam o mesmo dispositivo? - O seu uso está correto?	◆ Verifique a real necessidade e aplicação dos diversos dispositivos. ◆ Esteja atento às improvisações de ferramentas que possam causar **acidentes** e comprometer a Segurança das pessoas.
DOCUMENTOS	◆ Identificar os documentos existentes.	◆ Fazer as seguintes perguntas: - Qual a utilidade deles? - Por que estão naquele local? - Qual a freqüência de uso?	◆ Identifique os documentos que de fato são necessários manter consigo. ◆ **Cuidado!** Temos a tendência de acumular papéis em arquivos.
MATÉRIA-PRIMA	◆ Identificar a matéria-prima existente na área.	◆ Fazer as seguintes perguntas: - Por que tê-los em estoque? - A aplicação e consumo justificam manter estoque na área?	◆ Verifique se os materiais são de fato relacionados com as tarefas. ◆ Verifique se seu uso é adequado. ◆ Adaptações comprometem os custos e a **Segurança**, dentre outros.

Tabela 6

1º S – SENSO DE UTILIZAÇÃO – FASE DE IMPLANTAÇÃO			
QUESITO	AÇÕES	COMO PROCEDER	OBSERVAÇÕES
ESPAÇO	◆ Definir um *lay-out* funcional e seguro para execução das tarefas.	◆ Utilize a técnica de *Brainstorming* e faça um diagrama de causa-efeito, questionando: - Quais perdas de tempo são ocasionadas pelo *layout* atual? - Quais são as situações que podem resultar num acidente, devido ao *layout* atual?	◆ Funcional é aquela disposição em que o fluxo de trabalho se desenvolve sem ocasionar perdas de tempo. ◆ Seguro é aquela disposição onde a movimentação de materiais, pessoas e equipamentos é desempedida de obstáculos.
MOBILIÁRIO	◆ Adequar a quantidade de mobiliário às necessidades do trabalho.	◆ Relacione o mobiliário existente, separe aqueles estritamente necessários e relacione aquilo que falta, se for o caso.	◆ Coloque o excesso à disposição de outras áreas. ◆ Promova a venda ou sucateamento do inservível. ◆ Para repor ou adicionar mobiliário, aproveite o descarte de outras áreas em primeiro lugar.
DISPOSITIVOS	◆ Adequar a quantidade de dispositivos de acordo com as necessidades da área e em função das tarefas que são executadas.	◆ Relacione os dispositivos existentes, separe aqueles estritamente necessários e relacione aquilo que falta, se for o caso.	◆ Coloque o excesso à disposição de outras áreas, promova a venda ou sucateamento do inservível. ◆ Aloque em local comum aquilo que tiver pouca utilização, para uso coletivo. ◆ Para repor ou adicionar dispositivos, aproveite o descarte de outras áreas em primeiro lugar.

Tabela 7

1º S – SENSO DE UTILIZAÇÃO – FASE DE IMPLANTAÇÃO

QUESITO	AÇÕES	COMO PROCEDER	OBSERVAÇÕES
DOCUMENTOS	◆ Eliminar os documentos em duplicidade e os não-pertinentes à área. ◆ Atualizar os documentos e dados importantes para a área.	◆ Analise cada tipo de documento quanto à aplicação, duplicidade, atualização, etc.	◆ Dados, relatórios e outros documentos de pouca utilização podem ser mantidos nas áreas que os geram, não sendo necessário tê-los arquivado consigo. ◆ Em casos de necessidade de manuseio e uso simultâneo de documentos, a duplicidade é justificada. ◆ Documentos de períodos anteriores e utilizados para consulta eventual podem ser deixados em arquivo morto. ◆ Antes de descartar documentos, verifique se não existe legislação específica que determine a necessidade de mantê-los.
MATÉRIA-PRIMA	◆ Adequar os estoques às necessidades de consumo de cada item. ◆ Estabelecer uma forma de controle de consumo para criar um histórico.	◆ Para começar, aproveite a experiência da equipe para definir os níveis de estoque. ◆ Faça revisão do nível de estoque a partir do histórico gerado pelo controle.	◆ *Adequar os estoques* é dimensioná-los de acordo com o consumo previsto no tempo, de tal forma a reduzir e eliminar as aquisições desnecessárias, que agregam custo ao seu produto.

Tabela 8

1º S – SENSO DE UTILIZAÇÃO – FASE DE MANUTENÇÃO

QUESITO	AÇÕES	COMO PROCEDER	OBSERVAÇÕES
ESPAÇO	♦ Padronizar o *layout* consensado pela equipe. ♦ Estabeleça como o padrão pode ser modificado. ♦ Auditar os padrões.	♦ Estabeleça os procedimentos. ♦ Utilize comunicados, circular, reuniões etc. para divulgar e dar conhecimento do padrão a todos os envolvidos. ♦ Treine as pessoas para **cumprir** o padrão estabelecido. ♦ Elabore uma forma de verificar periodicamente o cumprimento do padrão. ♦ Use o PDCA de solução de problemas sempre que houver algum desvio do resultado: - Identifique o problema. - Analise as causas. - Identifique a causa fundamental. - Promova o bloqueio da causa. - Altere o padrão. - Treine novamente as pessoas. - Execute o novo padrão.	♦ Elabore um croqui com as dimensões básicas, disposição dos móveis, dispositivos, equipamentos etc. ♦ Emoldure o desenho e coloque-o em local visível. ♦ Não permita modificações que não sejam discutidas e consensadas e que visem melhorar a execução das tarefas. ♦ Ao fazer uma modificação, atualize o desenho, indicando o novo padrão.
MOBILIÁRIO	♦ Estabeleça procedimentos para aquisição e descarte.		♦ Relacione os móveis no croqui. Ao incluir, excluir ou mudar a posição dos móveis, atualize o desenho.

Tabela 9

1º S – SENSO DE UTILIZAÇÃO – FASE DE MANUTENÇÃO			
QUESITO	AÇÕES	COMO PROCEDER	OBSERVAÇÕES
DISPOSITIVOS	◆ Estabeleça procedimentos para aquisição e descarte.	◆ Estabeleça os procedimentos. ◆ Utilize comunicados, circular, reuniões etc. para divulgar e dar conhecimento do padrão a todos os envolvidos. ◆ Treine as pessoas para cumprir o padrão estabelecido. ◆ Elabore uma forma de verificar periodicamente o cumprimento do padrão. ◆ Use o PDCA de solução de problemas sempre que houver algum desvio do resultado: - Identifique o problema. - Analise as causas. - Identifique a causa fundamental. - Promova o bloqueio da causa. - Altere o padrão. - Treine novamente as pessoas. - Execute o novo padrão.	◆ Relacione os dispositivos fixos (telefone, computador, ar-condicionado) no croqui. ◆ Relacione à parte os dispositivos avulsos, estabelecer a vida útil, no caso de ferramentas, definir condições de substituição e descarte.
DOCUMENTOS	◆ Agrupe os documentos de acordo com a natureza ou aplicação. ◆ Elabore procedimentos para recebimento, guarda, expedição e descarte de documentos.		◆ Defina o destino de cada grupo de documentos (quadro de aviso, arquivo, estante etc.). ◆ Defina o período de permanência de cada grupo de documentos no seu local e indique quem será o responsável pela atualização dos documentos.
MATÉRIA-PRIMA	◆ Elabore procedimentos definindo quando e como os estoques devem ser repostos e quem deve fazer as requisições de compra.		◆ Faça um plano de reposição dos estoques de materiais utilizados na área. ◆ Estabeleça nível mínimo e máximo de estoque para cada item de consumo. ◆ Estabeleça itens de controle de consumo de materiais mais relevantes.

5.2.1 — Exemplos da Aplicação do Senso de Utilização

Layout de uma sala

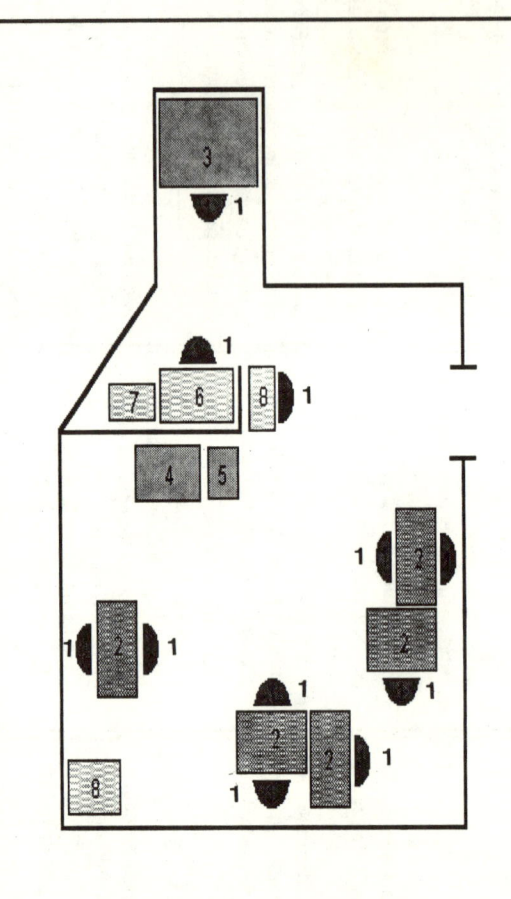

Legenda:

1 - Cadeiras
2 - Mesas
3 - Prancheta
4 - Estante
5 - Armário
6 - Bancada para computador
7 - Mesa para impressora
8 - Mesa para terminal

Fase de Preparação   : Está definido onde as tarefas são executadas.

Fase de Implantação : O trabalho desenvolve-se sem perda de tempo, a movimentação das pessoas está desimpedida de obstáculos ("*layout* funcional e seguro").

Fase de Manutenção   : O padrão está formalizado a partir da consolidação do *layout*.

FIG. 8 — UTILIZAÇÃO DE ESPAÇO.

Relação do mobiliário de uma sala

Descrição	Quantidade	Patrimônio
Arquivo de aço com 4 gavetas	1	B04280
Cadeira escriba	1	B29301
Cadeira giroflex	2	B20645
Kardex em aço com 12 gavetas	2	B28023
		B28024
Mesa com 3 gavetas	1	B02716
Mesa para terminal de vídeo	1	B26332
Prateleiras de aço Fiel	19	S/Nº

PADRÃO

1 - Proposta de inclusão ou exclusão deve ser consensada com a equipe.
2 - Ao incluir/excluir ou modificar, o critério é "Segurança e Funcionalidade".
3 - Antes de incluir mobília, verifique se o bem está patrimoniado.
4 - Caso haja algum bem não patrimoniado, informe à área de controle.
5 - As movimentações de bens devem ser precedidas do registro na área de controle do patrimônio.

Fase Preparação : O mobiliário foi listado e as necessidades identificadas.

Fase Implantação : Os móveis desnecessários foram descartados e os que faltavam foram providenciados, aproveitando o descarte de outras áreas.

Fase Manutenção : A mobília está devidamente registrada, facilitando o controle patrimonial.
Foi estabelecido um procedimento para inclusão e exclusão de mobiliário na área.

FIG. 9 — UTILIZAÇÃO NO MOBILIÁRIO.

Relação de dispositivos de uma oficina

Descrição	Quantidade	Patrimônio
Compressor de ar	2	B029910
		B029911
Máquina de solda	2	B029055
		B029655
Macaco hidráulico	1	B027358
Talha elétrica	1	B028436
Relógio comparador	1	B028444
Aparelho telefônico	1	S/Nº
Rotulador	1	B028543
Grampeador	1	S/Nº

PADRÃO

1 - Ao incluir/excluir, o critério é "Segurança e Funcionalidade".
2 - Antes de incluir dispositivos, avalie se ele de fato é necessário.
3 - Caso haja algum bem não patrimoniado, verifique com a área de controle a necessidade de fazê-lo. Caso necessário, providencie.
4 - Ao movimentar dispositivos de uma área para outra, informe ao patrimônio.

Fase Preparação : Os dispositivos foram listados e a necessidade de cada um foi avaliada.

Fase Implantação : Os itens desnecessários foram descartados, os que faltavam foram providenciados e os defeituosos foram reparados e/ou substituídos.

Fase Manutenção : Os dispositivos estão devidamente registrados, facilitando o controle patrimonial e o controle de vida útil.
Foi estabelecido um procedimento para inclusão e exclusão de dispositivos na área.

FIG. 10 — UTILIZAÇÃO DE DISPOSITIVOS.

Para determinados ambientes, não se justifica separar os quesitos Espaço, Mobiliário e Dispositivos na fase de Manutenção

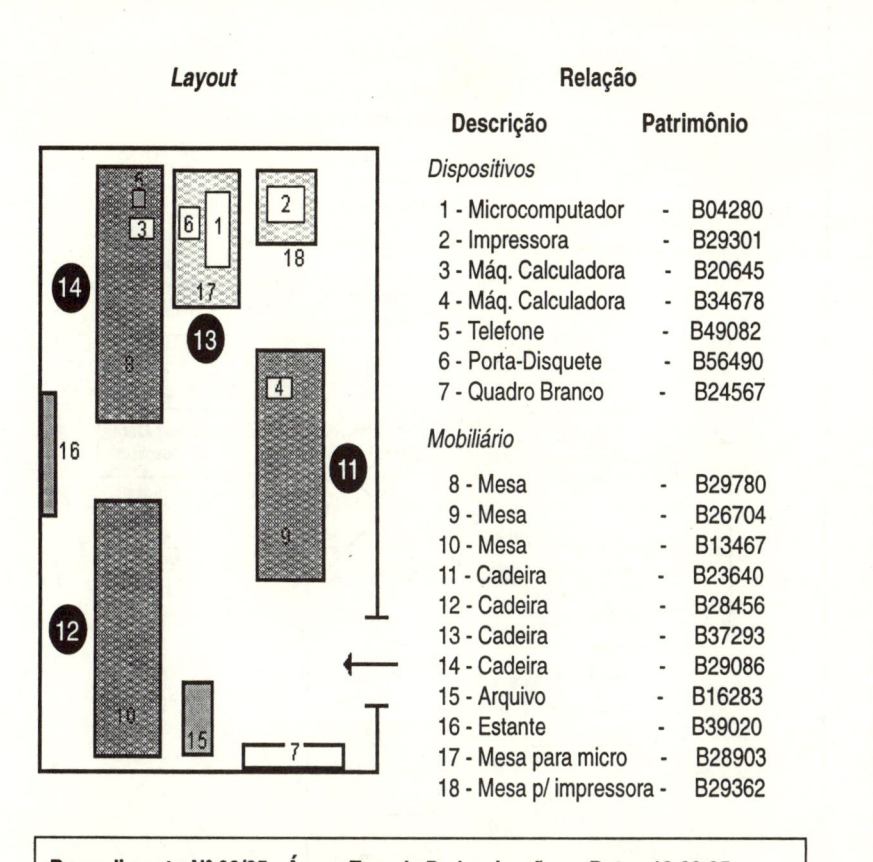

Layout

Relação

Descrição	Patrimônio
Dispositivos	
1 - Microcomputador	- B04280
2 - Impressora	- B29301
3 - Máq. Calculadora	- B20645
4 - Máq. Calculadora	- B34678
5 - Telefone	- B49082
6 - Porta-Disquete	- B56490
7 - Quadro Branco	- B24567
Mobiliário	
8 - Mesa	- B29780
9 - Mesa	- B26704
10 - Mesa	- B13467
11 - Cadeira	- B23640
12 - Cadeira	- B28456
13 - Cadeira	- B37293
14 - Cadeira	- B29086
15 - Arquivo	- B16283
16 - Estante	- B39020
17 - Mesa para micro	- B28903
18 - Mesa p/ impressora	- B29362

Procedimento Nº 09/95   Área: Esc. de Padronização   Data: 12.02.95

1–Toda e qualquer movimentação, inclusão ou exclusão de mobiliário ou dispositivo só poderá ser efetuada se:

- Caracterizar necessidade absoluta;
- Melhorar a funcionalidade;
- Melhorar a segurança das pessoas;
- Modificado no *layout*.

2–Todas as aquisições de novos dispositivos ou mobiliário deverão ser patrimoniadas.

FIG. 11 — UTILIZAÇÃO DE ESPAÇO, MOBILIÁRIO E DISPOSITIVOS.

Padrão para receber e/ou gerar Documentos

```
                    ┌───────┐
                    │ Início│
                    └───┬───┘
                        ▼
              ┌──────────────────┐
              │ Receber/gerar    │
              │ Documentos       │
              └────────┬─────────┘
                       ▼
              ┌──────────────────┐
              │ Analisar         │
              │ Documento        │
              └────────┬─────────┘
                       ▼
                   ◇ Precisa ◇  ──SIM──►  ┌──────────┐
                   ◇ Guardar?◇            │ Definir  │
                       │                  │ o Tempo  │
                      NÃO                 └────┬─────┘
                       ▼                       ▼
   ┌──────────┐   ◇ Precisa ◇           ┌──────────────┐
   │  Tomar   │◄──◇Divulgar?◇           │ Anotar Data  │
   │Conhecim. │ NÃO    │                │ de Descarte  │
   └──────────┘       SIM               └──────┬───────┘
                       ▼                       ▼
   ┌──────────┐   ◇ Quadro de ◇          ┌──────────┐
   │ Divulgar │◄──◇  Avisos? ◇           │ Arquivar │
   │em Reunião│ NÃO    │                 └──────────┘
   └──────────┘       SIM
                       ▼
              ┌──────────────────┐
              │ Definir          │
              │ o Tempo          │
              └────────┬─────────┘
                       ▼
              ┌──────────────────┐
              │ Anotar Data      │
              │ de Retirada      │
              └────────┬─────────┘
                       ▼
              ┌──────────────────┐
              │ Afixar no        │
              │ Quadro           │
              └────────┬─────────┘
                       ▼
   ┌──────────┐    ┌───────┐
   │ Descartar│───►│  Fim  │
   └──────────┘    └───────┘
```

Fase Preparação : Os documentos foram listados e sua necessidade avaliada.

Fase Implantação : Aqueles julgados desnecessários foram descartados, os necessários foram atualizados e os duplicados foram descartados.

Fase Manutenção : Foi definido um procedimento padrão para evitar o acúmulo de documentos desnecessários.

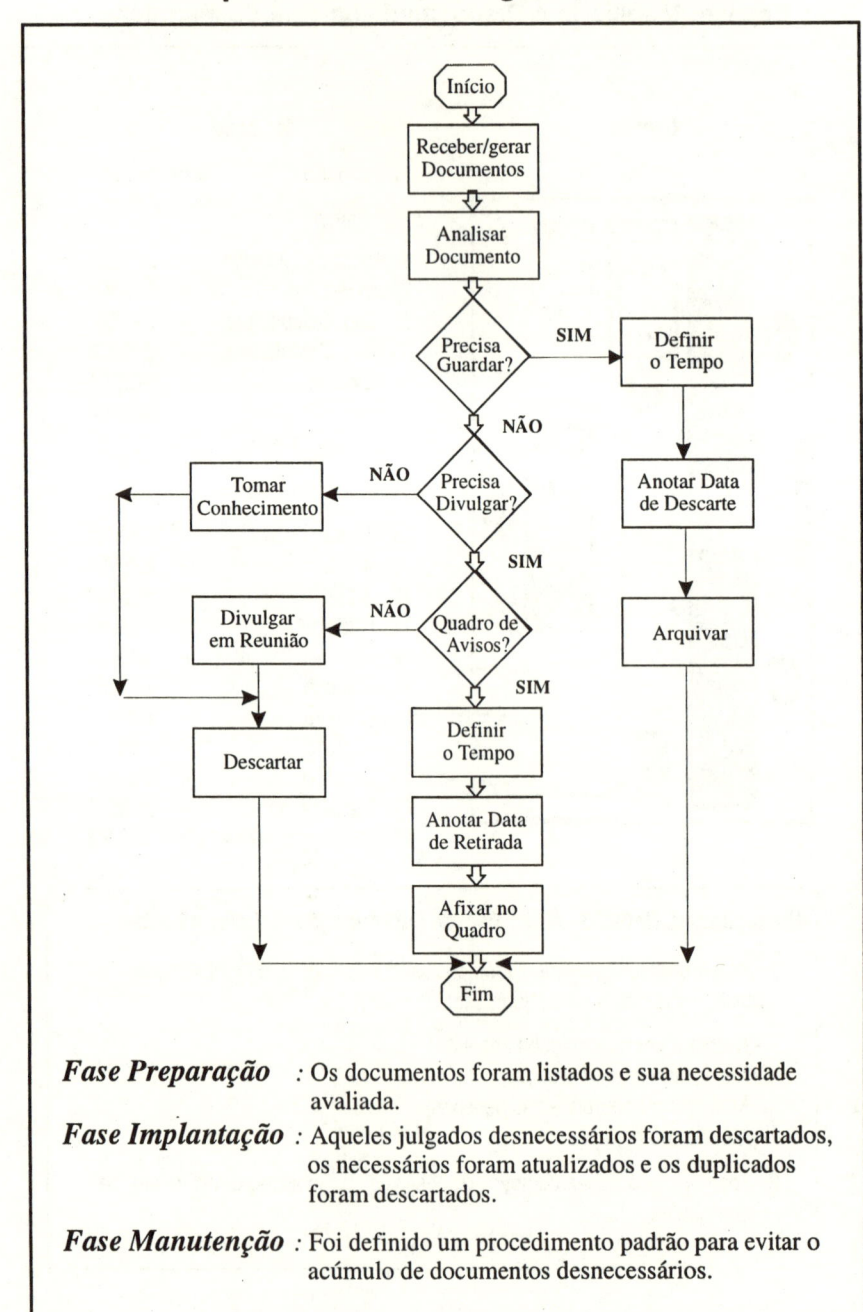

FIG. 12 — UTILIZAÇÃO DE DOCUMENTOS.

Fase Preparação : Definir claramente quais são os materiais necessários para a área e onde são utilizados.

Fase Implantação : Estabelecer uma forma de controle para identificação do consumo e subsidiar a definição do estoque máximo operacional e os pontos de reposição (estoque mínimo).

FOLHA DE CONTROLE DE MATÉRIA-PRIMA							
ÁREA:				PERÍODO: ___/___/___ a ___/___/___			
Nome do Item	Unid. Medida	Saldo Inicial	Data de Entrada	Data de Saída	Consumo		Saldo Final
					Total	Médio	

FIG. 13 — UTILIZAÇÃO DE MATÉRIA-PRIMA.

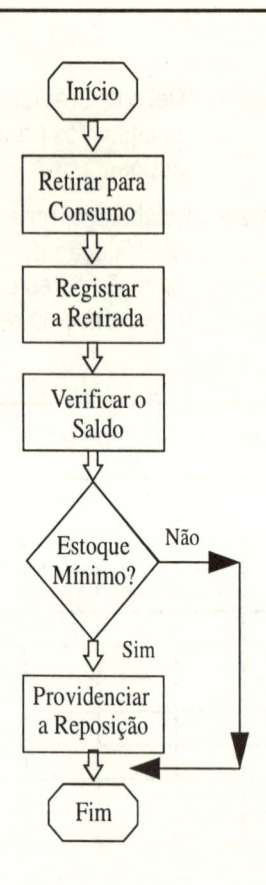

```
                    ┌─────────┐
                    │  Início │
                    └────┬────┘
                         ↓
                  ┌──────────────┐
                  │ Retirar para │
                  │   Consumo    │
                  └──────┬───────┘
                         ↓
                  ┌──────────────┐
                  │  Registrar   │
                  │  a Retirada  │
                  └──────┬───────┘
                         ↓
                  ┌──────────────┐
                  │  Verificar o │
                  │    Saldo     │
                  └──────┬───────┘
                         ↓
                      ╱Estoque╲  Não
                     ╲ Mínimo? ╱─────┐
                       ╲   ╱         │
                        Sim          │
                         ↓           │
                  ┌──────────────┐   │
                  │ Providenciar │   │
                  │ a Reposição  │   │
                  └──────┬───────┘   │
                         ↓←──────────┘
                    ┌─────────┐
                    │   Fim   │
                    └─────────┘
```

Existem várias maneiras práticas de estabelecer o controle dos estoques. A seguir algumas sugestões:

- *Para Formulários:* No local de guarda, colocar uma tarja separando as quantidades de acordo com as cores verde (estoque máximo), amarelo (estoque médio) e vermelho (estoque mínimo). A tarja vermelha indica o estoque mínimo e portanto determina a ação de reposição de estoque daquele material.

- *Para Miudezas:* Colocar a quantidade mínima dentro de um saco plástico e deixá-lo junto ao restante do material. Quando houverem sido retirados todos os itens fora do saquinho e só restar ele, significa que atingimos o estoque mínimo e está na hora de providenciar a reposição de estoque.

FIG. 14 — PROCEDIMENTO PARA MANUTENÇÃO DE ESTOQUES.

5.3 — PRATICANDO O SENSO DE ORDENAÇÃO

Ter o **Senso de Ordenação** significa determinar o melhor local, a melhor maneira, a melhor disposição para guardar dispositivos, matéria-prima e documentos identificados na prática do Senso de Utilização, de tal forma que possam ser encontrados, localizados, repostos com facilidade, sem perda de tempo e com segurança.

Na prática deste Senso tenha em mente que a disposição dos itens devem propiciar economia de tempo, evitar movimentos desnecessários, posições não ergonômicas, prever facilidade de trânsito de pessoas, tráfego de máquinas e equipamentos.

Aproveite para sinalizar e identificar sistematicamente locais perigosos, partes de máquinas e equipamentos que encerram ou que possam representar riscos à segurança das pessoas ou exigem atenção especial por algum outro motivo.

É recomendável que seja utilizado um código de cores, padronizado em toda a organização de tal forma que a sinalização visual seja uniforme. Em caso de dúvida, consulte a **NR-26** (Norma Regulamentadora do Ministério do Trabalho).

Na prática deste senso você terá oportunidade de aflorar a criatividade das pessoas na busca de alternativas de sinalização e ordenação dos diversos quesitos.

Os passos para prática deste senso são mostrados nas Tabelas 10, 11 e 12.

Tabela 10

2º S – SENSO DE ORDENAÇÃO – FASE DE PREPARAÇÃO

QUESITO	AÇÕES	COMO PROCEDER	OBSERVAÇÕES
DISPOSITIVOS	◆ Padronizar os nomes dos dispositivos. ◆ Agrupar por tipo, natureza, função ou aplicação.	◆ Discutir amplamente com o grupo envolvido. ◆ Utilizar o conhecimento, opinião e experiência das pessoas.	◆ Ao padronizar nomes, nomenclatura de dispositivos, documentos e matéria-prima, utilize sempre aqueles que sejam de conhecimento geral e mais usual. ◆ Evite abreviações e palavras em outras línguas ou termos muito técnicos de difícil entendimento. ◆ Tenha em mente que a **ordenação tem** como objetivo facilitar a busca, guarda, reposição e localização. ◆ Procure reduzir vários elementos em grupos ou mesmo subgrupos.
DOCUMENTOS	◆ Uniformizar a nomenclatura dos documentos. ◆ Agrupar por assunto, origem, procedência, finalidade etc.		
MATÉRIA-PRIMA	◆ Agrupar por tipo. ◆ Separar por tamanho, forma, aplicação, características, freqüência de uso etc.		

Tabela 11

2º S – SENSO DE ORDENAÇÃO – FASE DE IMPLANTAÇÃO			
QUESITO	AÇÕES	COMO PROCEDER	OBSERVAÇÕES
DISPOSITIVOS	◆ Definir a forma de ordenar. ◆ Definir o local de guarda. ◆ Definir a melhor maneira para acondicionamento.	◆ Use a experiência e criatividade do grupo. ◆ Tente responder à pergunta: - Qual a forma de ordenar que tomará mais fácil a localização, a retirada e a guarda de dispositivos, documentos e matéria-prima?	◆ Explore a comunicação visual utilizando formas e cores. ◆ Oriente a guarda e acondicionamento pela praticidade de localização, guarda e retirada dos elementos.
DOCUMENTOS	◆ Sinalizar os locais indicando grupos, subgrupos e itens. ◆ Procure educar os usuários para que utilizem os padrões adotados.	◆ Utilize reuniões, palestras e aproveite todas oportunidades para educar e treinar os usuários quanto ao padrão de ordenação.	◆ Ao ordenar documentos, utilize a ordem cronológica e alfabética. ◆ A forma de ordenar deve garantir a integridade dos dispositivos, matéria-prima e documentos.
MATÉRIA-PRIMA			◆ Material perecível deve ser ordenado de forma que os itens mais velhos sejam consumidos primeiro. ◆ Existem dispositivos e materiais que requerem cuidados especiais para guarda e manuseio, principalmente instrumentos de precisão. Siga as instruções dos fabricantes.

Tabela 12

2º S – SENSO DE ORDENAÇÃO – FASE DE MANUTENÇÃO

QUESITO	AÇÕES	COMO PROCEDER	OBSERVAÇÕES
DISPOSITIVOS DOCUMENTOS MATÉRIA-PRIMA	◆ Estabelecer verificação periódica do estado da ordenação.	◆ Elabore um plano de verificação sistemática e periódica. ◆ Defina "o que" verificar, "quem" verifica, "quando" verificar, "porque" verificar e "como" será a verificação (Método 5W1H). ◆ Use o PDCA para solução de problemas sempre que as formas de ordenação não estiverem sendo cumpridas. O objetivo é buscar *o que* não esta sendo cumprido e *o porquê*. Siga os seguintes passos: - *Identifique* o que está errado. - *Observe* os fatos no local. - Identifique o *porquê* do não-cumprimento do padrão. - *Elimine a causa* do problema. Se for o caso, modifique a forma de ordenar. - *Treine* todos envolvidos sempre que houver mudança.	◆ Defina quem é o responsável por cada local e em quais circunstâncias. ◆ Estabeleça mecanismos à prova de bobeiras, ou seja, meios que garantam que a guarda ou reposição seja sempre feita de acordo com o padrão definido. ◆ Lembre-se que "**o hábito faz o monge**" Educação permanente é sempre o melhor caminho.

5.3.1 — Exemplos da Aplicação do Senso de Ordenação

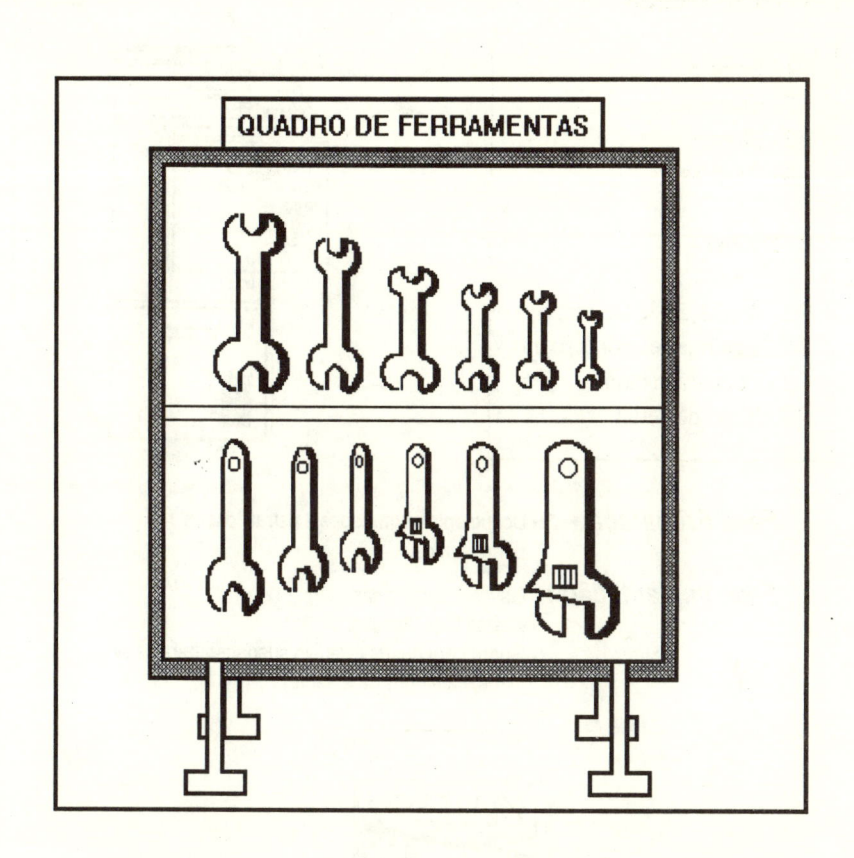

Fase Preparação : Os dispositivos foram agrupados por função e ordenados por tamanho.

Fase Implantação : O local e a forma de guarda estão definidos.

Fase Manutenção : A silhueta das ferramentas, pintada no seu local de guarda, facilita a sua reposição à origem.

FIG. 15 — ORDENAÇÃO DE DISPOSITIVOS.

1 - Dados Técnicos

1.1 - Bombas
1.2 - Correias
1.3 - Motores
1.4 - Peneiras

2 - Pessoal

2.1 - Avaliação de Desempenho
2.2 - Controle de Horas Extras
2.3 - Pesquisa Salarial
2.4 - Plano de Férias

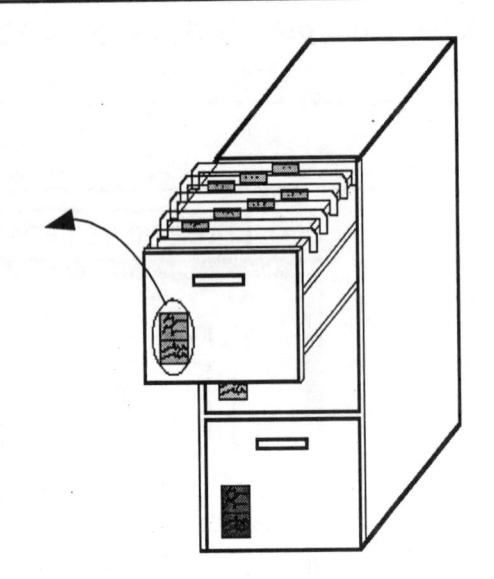

Fase Preparação : - Documentos agrupados e estratificados por assunto.

Fase Implantação : - Gavetas sinalizadas.
- Pastas Identificadas.
- Guarda adequada (arquivo suspenso para papéis, livros, catálogos na estante).

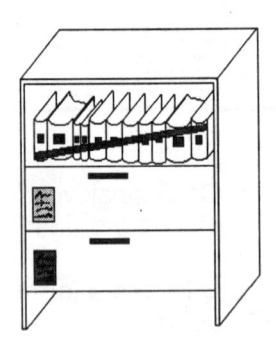

Fase Manutenção : - Cada livro em seu devido local.
- A tarja nos livros permite identificar qualquer reposição feita em desacordo com a ordem estabelecida. (mecanismo à prova de bobeira).

FIG. 16 — ORDENAÇÃO DE DOCUMENTOS.

Fase Preparação : - Os materiais estão agrupados por tipo e divididos em grupos.
- Neste caso, é importante a observação das datas de validade.

Fase Implantação : - O local para cada material está claramente sinalizado.

Fase Manutenção : - Fazer verificação periódica (*checklist*).
- Educar as pessoas para garantir o estágio alcançado.

FIG. 17 — ORDENAÇÃO DE MATÉRIA-PRIMA.

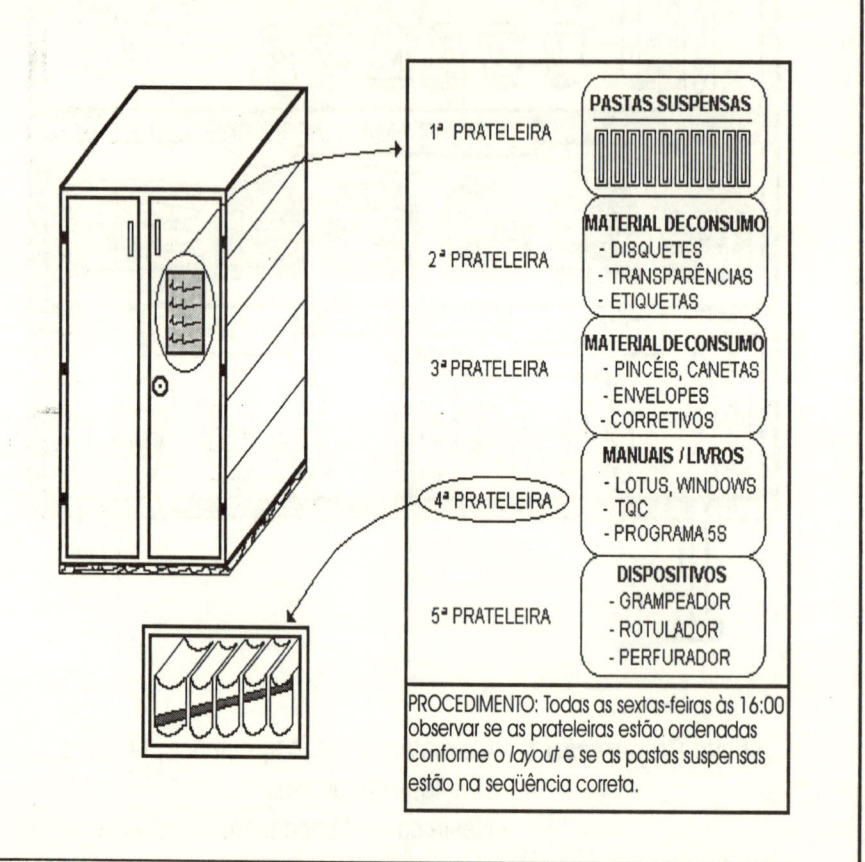

- Para determinadas áreas não se justifica separar os quesitos citados na página anterior para as três fases.

1ª PRATELEIRA — PASTAS SUSPENSAS

2ª PRATELEIRA — MATERIAL DE CONSUMO
- DISQUETES
- TRANSPARÊNCIAS
- ETIQUETAS

3ª PRATELEIRA — MATERIAL DE CONSUMO
- PINCÉIS, CANETAS
- ENVELOPES
- CORRETIVOS

4ª PRATELEIRA — MANUAIS / LIVROS
- LOTUS, WINDOWS
- TQC
- PROGRAMA 5S

5ª PRATELEIRA — DISPOSITIVOS
- GRAMPEADOR
- ROTULADOR
- PERFURADOR

PROCEDIMENTO: Todas as sextas-feiras às 16:00 observar se as prateleiras estão ordenadas conforme o *layout* e se as pastas suspensas estão na seqüência correta.

Fase Preparação : - Foram agrupados os documentos, os dispositivos e a matéria-prima.

Fase Implantação : - Itens relacionados, locais de guarda definidos, identificados e sinalizados.

Fase Manutenção : - Procedimento de verificação definido.
- Utilização de cores para facilitar procura e guarda.
- Mecanismo à prova de bobeira para guarda de livros.

FIG. 18 — ORDENAÇÃO DE DOCUMENTOS, DISPOSITIVOS E MATÉRIA-PRIMA.

5.4 — PRATICANDO O SENSO DE LIMPEZA

Na prática do **Senso de Limpeza** aprendemos que o mais importante não é limpar, o mais importante é não ter que limpar, isto é, não sujar.

Limpar significa remover os sintomas. Não sujar significa identificar as fontes de sujeira e eliminá-las, pois sujeira é um efeito indesejável e portanto deve ser combatido.

A prática do Senso de Limpeza abrange o espaço (pisos, tetos, paredes),o mobiliário, os dispositivos e a matéria-prima no contexto do ambiente. Deste modo, a observação destes quesitos deve ser feita de maneira integrada, conforme mostrado nas Tabelas 13, 14 e 15.

Às vezes a eliminação das fontes de sujeira exigem investimentos e/ou mudança de processo. Cada situação deverá ser avaliada de modo que os objetivos de eliminação das fontes de sujeira sejam compatíveis com a disponibilidade de recursos. É importante salientar que a indicação de um responsável por cada área irá ajudar na implantação deste senso. Lembre-se sempre que o ato de limpar constitui por si só um desperdício, portanto, deve-se procurar não sujar.

Os exemplos da aplicação do Senso de Limpeza são mais visuais e dependentes de cada ambiente, onde ele está sendo implantado. A melhor maneira de mostrar exemplos da aplicação deste senso é através de fotografias. Porém, acrescentamos a Figura 19 ao texto para mostrar a utilização do PDCA na solução de um problema relativo ao senso de limpeza, de maneira prática.

A prática do Senso de Limpeza está mostrado, passo a passo, nas Tabelas 13, 14 e 15.

Tabela 13

3º S – SENSO DE LIMPEZA – FASE DE PREPARAÇÃO

QUESITO	AÇÕES	COMO PROCEDER	OBSERVAÇÕES
ESPAÇO		♦ Promova um mutirão para uma limpeza geral. ♦ Observe cuidadosamente seu ambiente de trabalho para identificação das fontes de sujeira. ♦ Liste todas as fontes e analise as respectivas causas. ♦ Estabeleça um plano de ação para bloquear as fontes e as causas. ♦ Incentive a criatividade das pessoas na busca de soluções. ♦ Use o **PDCA**: IDENTIFICAÇÃO ⇨ OBSERVAÇÃO ⇨ ANÁLISE ⇨ PLANO DE AÇÃO ⇨ **Fase 2: Implantação**	♦ Monte uma rotina de limpeza. Defina o que limpar, quem limpa, quando, onde e como limpar.
MOBILIÁRIO	♦ Identificar as formas de sujeira. ♦ Planejar ações para eliminar os efeitos (limpar).		♦ Mantenha o ambiente sempre limpo, mesmo que no início a freqüência de limpeza seja alta. Isto inibe as pessoas a sujar.
DISPOSITIVOS	♦ Identificar as causas e fontes de sujeira. ♦ Planejar ações para eliminar as fontes e as causas.		♦ Sujeira não é apenas lama, poeira, lixo, restos, sobras e odor.
DOCUMENTOS			♦ Dados desatualizados, relatórios e quadro de avisos poluídos são também considerados sujeira.
MATÉRIA-PRIMA			♦ Manuais, componentes, instrumentos e peças obsoletas ou em desuso constituem sujeira.

Tabela 14

3º S – SENSO DE LIMPEZA – FASE DE IMPLANTAÇÃO

QUESITO	AÇÕES	COMO PROCEDER	OBSERVAÇÕES
ESPAÇO	Implantar as ações de bloqueio definidas no Plano de ação e verificar sua efetividade.	◆ Dar continuidade ao PDCA de solução de problemas: **Fase 2: Implantação** AÇÃO → VERIFICAÇÃO → Bloqueio efetivo? — Sim → **Fase 3: Manutenção** Não → OBSERVAÇÃO ↩	◆ Tenha em mente que se não houver sujeira, não será necessário limpar. ◆ Adote o princípio "**Quem suja, limpa**". ◆ Defina um responsável pelo aspecto visual de cada área.
MOBILIÁRIO			◆ Procure manter o ambiente sempre limpo, mesmo que a freqüência de limpeza seja maior no início. Isto ajuda a criar o hábito de conviver num ambiente limpo.
DISPOSITIVOS			◆ Via de regra, a fonte de sujeira está no comportamento das pessoas. Manusear documentos com mãos sujas, não limpar os pés ao adentrar algum recinto, são hábitos que devem ser modificados. Crie formas de evitar que isto ocorra.
DOCUMENTOS			
MATÉRIA-PRIMA			◆ Procure sempre definir "o que" não está indo bem. Defina as causas e crie formas de bloqueio.

Tabela 15

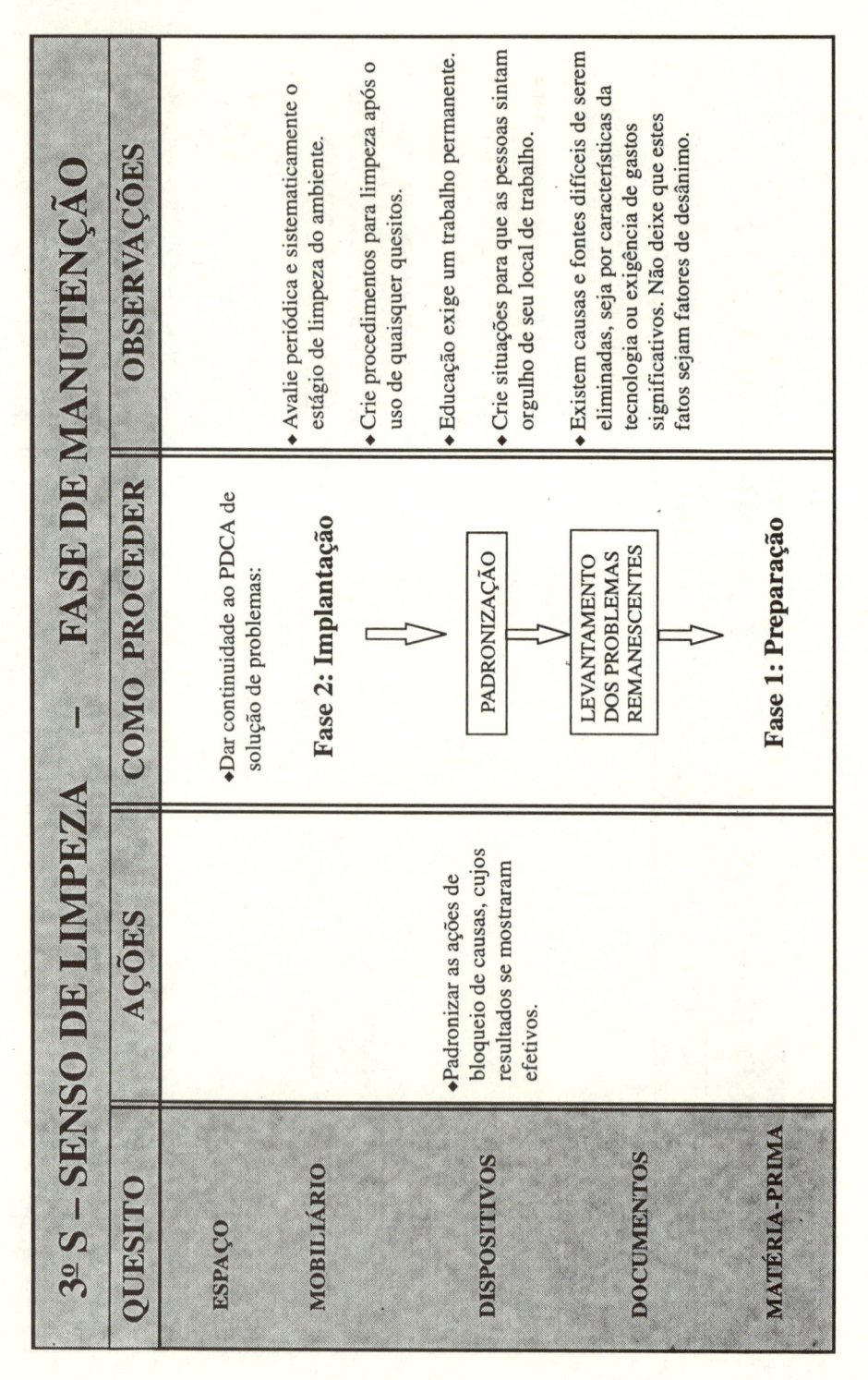

3º S – SENSO DE LIMPEZA – FASE DE MANUTENÇÃO

QUESITO	AÇÕES	COMO PROCEDER	OBSERVAÇÕES
ESPAÇO		• Dar continuidade ao PDCA de solução de problemas: **Fase 2: Implantação** ⇒ PADRONIZAÇÃO ⇒ LEVANTAMENTO DOS PROBLEMAS REMANESCENTES ⇒ **Fase 1: Preparação**	• Avalie periódica e sistematicamente o estágio de limpeza do ambiente. • Crie procedimentos para limpeza após o uso de quaisquer quesitos. • Educação exige um trabalho permanente. • Crie situações para que as pessoas sintam orgulho de seu local de trabalho. • Existem causas e fontes difíceis de serem eliminadas, seja por características da tecnologia ou exigência de gastos significativos. Não deixe que estes fatos sejam fatores de desânimo.
MOBILIÁRIO			
DISPOSITIVOS	• Padronizar as ações de bloqueio de causas, cujos resultados se mostraram efetivos.		
DOCUMENTOS			
MATÉRIA-PRIMA			

FASE	ETAPAS DO PDCA	FATOS E DADOS
PREPARAÇÃO	Descrição do Problema.	• Ambiente de trabalho constantemente sujo, com material espalhado.
	Identificação do Problema.	• Lixeira sempre cheia com transbordo de lixo.
	Observação do Problema.	• Não há responsável pela coleta do lixo. • O lixo é composto basicamente por copos plásticos de água e café.
	Análise.	• Identificado que existe muito espaço vazio entre os copos. • Pequena quantidade de copos ocupa muito espaço. • Outros tipos de lixo acabam transbordando por falta de espaço e por dificuldade de acomodação na lixeira. ***Causa Fundamental:*** Desorganização de copos plásticos na lixeira.
IMPLANTAÇÃO	Plano de Ação.	• Definir responsável pela coleta de lixo. • Definir freqüência de coleta. • Improvisar um suporte de copos descartáveis dentro da lixeira, de tal forma que sejam descartados dentro do suporte e enfileirados.
	Ação.	Modelo do suporte construído.
	Verificação.	• Os sacos de lixo eram substituídos, em média, quatro vezes por dia. • Após a efetivação das ações definidas no plano, o lixo é coletado apenas uma vez por dia. • A lixeira não transborda mais, e não mais espalha o lixo pelo ambiente.
MANUTENÇÃO	Padronização.	• Todas as lixeiras foram dotadas de um suporte coletor para copos descartáveis. • A ação foi amplamente divulgada, e todas as pessoas instruídas como dispor os copos no lixo
	Problema Remanescente.	• Alguns copos ainda eram colocados fora do suporte apropriado. Portanto, foi conduzida uma campanha educativa em todas as dependências da unidade.

FIG. 19 — EXEMPLO DO *PDCA* NO SENSO DE LIMPEZA.

5.5 — PRATICANDO O SENSO DE ASSEIO

Ter **Senso de Asseio** significa criar condições favoráveis à saúde física e mental, garantir ambiente não agressivo e livre de agentes poluentes, manter boas condições sanitárias nas áreas comuns, zelar pela higiene pessoal e cuidar para que as informações e comunicados sejam claros, de fácil leitura e compreensão.

As condições sanitárias abordadas neste conceito já foram contempladas na prática do Senso de Limpeza, quando incluímos as áreas comuns como áreas de implantação de cada **Senso**.

A dimensão comportamental de que trata o Senso de Asseio já é abordada na Mineração Rio do Norte S.A. através da implantação de um programa de promoção de saúde denominado Programa de Qualidade de Vida, cujo objetivo é educar as pessoas para que possam desenvolver hábitos saudáveis de vida (alimentação, atividade física, controle de estresse, consumo de álcool, fumo etc.).

Assim sendo, na conceituação do Senso de Asseio, optamos por focalizar a melhoria do ambiente de trabalho, abordando a Higiene Industrial. Sua estruturação foi baseada na metodologia do PPRA — Programa de Prevenção de Riscos Ambientais, estabelecido pela NR-9 (Norma Regulamentadora do Ministério do Trabalho). Para identificação dos riscos, agentes e seus possíveis efeitos nas pessoas, tomamos como referência o Mapa de Riscos, realizado conforme o roteiro estabelecido no Anexo IV da NR-5 e portaria 5 da Secretaria de Segurança e Saúde do Trabalhador, do Ministério do Trabalho.

A implantação do Senso de Asseio é, atualmente, parte integrante das ações da Empresa no campo da prevenção da saúde e integridade de seus empregados, estando articulada com as demais Normas Regulamentadoras, em especial a NR-7, que trata do PCMSO — Programa de Controle Médico e Saúde Ocupacional, com a NR-15, que estabelece os limites de tolerância específicos para cada agente de risco e com a NR-17, que enfoca os aspectos de ergonomia e conforto no ambiente de trabalho. A abordagem inicial desse Senso é a identificação dos riscos, conforme mostra a Tabela 16.

Desta maneira, estamos procurando criar um ambiente de trabalho não agressivo e livre de agentes poluentes, além de atender à legislação em vigor, cujo texto define que:

— Todas as pessoas devem conhecer os riscos a que estão expostas no seu ambiente de trabalho;

— Ações devem ser tomadas por parte da empresa no sentido de eliminar ou minimizar os efeitos dos riscos sobre a integridade e saúde das pessoas;

— Equipamentos de proteção coletiva (EPC) e individuais (EPI) devem ser providenciados, de modo a protegerem as pessoas contra os riscos presentes no seu ambiente de trabalho na hipótese de não-eliminação das fontes.

A prática deste senso tem a mesma característica do Senso de Limpeza, isto é, a avaliação deve ser feita no ambiente, pois os fatores de risco podem estar associados ao espaço físico, ao mobiliário, aos dispositivos e à matéria-prima. Os procedimentos para sua implantação são mostrados nas Tabelas 17, 18 e 19.

Alguns riscos identificados podem ser de difícil bloqueio na fonte. Nestes casos, o uso de equipamento de proteção é recomendado. Lembre-se que ele não é a solução definitiva, apenas atenua o efeito. Por isso, a eliminação de riscos pode levar muito tempo. Por força da lei, o mapeamento de riscos deve ser atualizado anualmente.

A implantação do Senso de Asseio, na forma proposta, exige a participação e ajuda do técnico de segurança, do engenheiro de segurança e do médico do trabalho. Além do auxílio técnico que eles podem fornecer na implantação deste senso, eles precisam dos documentos gerados para comprovarem o cumprimento da legislação específica junto à Delegacia Regional do Trabalho. As Tabelas 20 e 21 representam os formulários utilizados para documentar estas informações.

Tabela 16

SENSO DE ASSEIO - Mapeamento de Riscos ÁREA: Data:

FÍSICO - 1

CALOR (1)
Fornos/Muflas (1)
Cortes/Soldas (2)
Motores (3)
Caldeiras (4)
Chaminé (5)
Fluidos (6)
Aquecedores (7)

RUÍDO (2)
Motores em geral (1)
Ar-comprimido (2)
Lixadeiras (3)
Compressores (4)
Manuseio de peças (5)

RADIAÇÕES IONIZANTES (3)
Fontes radioativas (1)

RADIAÇÕES NÃO-IONIZANTES (4)
Ultravioleta (1)
Microondas (2)

VIBRAÇÕES (5)
Máquinas (1)
Equipamentos (2)
Pisos (3)

UMIDADE (6)

QUÍMICO - 2

QUÍMICOS (1)
Ácidos (1)
Álcoois (2)
Aldeídos (3)
Aminas (4)
Brometos (5)
Acetonas (6)
Cloretos (7)
Éter (8)
Fenóis (9)
Solventes (10)
Desengraxantes (11)
Óleos (12)

GASES E VAPORES (2)
Lavagem de peças (1)
Componentes elétricos (2)
Butano (3)
Cloro (4)
Hidrocarbonetos (5)

POEIRAS (3)
Sílica livre (1)
Asbestos (2)

FUMOS (4)
Soldas (1)
Cortes de Chapas (2)

ERGONÔMICO - 3

TRABALHO FÍSICO PESADO (1)

TRABALHO DE TURNO (2)

TRABALHO NOTURNO (3)

TRABALHO REPETITIVO (4)

TRABALHO MONÓTONO (5)

JORNADAS PROLONGADAS (6)

BIOLÓGICO - 4

VÍRUS (1)
Hospital (1)

BACTÉRIAS (2)
Água (1)
Alimentação (2)
EPI (3)

FUNGOS (3)
Locais úmidos (1)
Plantas (2)

ANIMAIS (4)
Ofidismo (1)
Insetos (2)
Roedores (3)

ACIDENTES - 5

ARRANJO FÍSICO (1)
Lay-out inadequado (1)
Falta de espaço (2)
Corredores (3)
Obstruções (4)

PISOS INADEQUADOS (2)
Derrapante (1)
Irregulares (2)
Soltos (3)

MÁQUINAS SEM PROTEÇÃO (3)

EPC/EPI (4)
Inadequados para a função (1)
Defeituosos (2)

FERRAMENTAS MANUAIS (5)
Inadequados (1)
Defeituosos (2)
Não inspecionadas (3)

OUTROS:

OBSERVAÇÃO:
Se *houver* identificação de algum agente de risco que *não* conste da relação acima, relacione-o e *numere-o* na seqüência lógica de acordo com a tabela.

Tabela 17

4º S – SENSO DE ASSEIO – FASE DE PREPARAÇÃO

QUESITO	AÇÕES	COMO PROCEDER	OBSERVAÇÕES
ESPAÇO	♦ Levantar e inventariar os Fatores de Risco.	♦ Identificar fatores de risco no ambiente de trabalho.	♦ Utilize as normas do Ministério do Trabalho para orientação (NR9).
MOBILIÁRIO		♦ Identificar as fontes e possíveis efeitos nocivos às pessoas.	♦ Use a técnica do *brainstorming* no inventário de riscos.
		♦ Identificar os cargos expostos a cada risco.	♦ A medição dos valores exige dispositivos e pessoas especializadas.
	♦ Priorizar os riscos identificados na área.	♦ Identificar o número de pessoas expostas e o tempo médio de exposição para cada risco.	♦ Você pode utilizar o GUT como critério de priorização:
DISPOSITIVOS			- Defina a Gravidade (G) comparando os valores legais com os medidos.
	♦ Analisar os riscos prioritários existentes na área.	♦ Medir os valores dos riscos.	- Defina a Urgência (U) em função da exposição das pessoas ao risco.
			- Defina a Tendência (T) avaliando o agravamento dos efeitos no tempo.
		♦ Identificar necessidade de EPI/EPC na área avaliada.	- Calcule o Risco (R) efetuando a operação: G x U x T.
DOCUMENTOS			- Priorize os riscos a serem analisados em função dos valores obtidos.
		♦ Identificar as causas de cada risco.	♦ Use o diagrama de causa-efeito na identificação das fontes e causas.
		♦ Elaborar um Plano de Ação para eliminar as causas e/ou atenuar os efeitos.	♦ Use o 5 W1H na elaboração do Plano de Ação.
MATÉRIA-PRIMA			♦ Registre todos os dados pois eles são requisitos legais.
			♦ Divulgue amplamente o Plano de Ação.

Tabela 18

4º S – SENSO DE ASSEIO – FASE DE IMPLANTAÇÃO

QUESITO	AÇÕES	COMO PROCEDER	OBSERVAÇÕES

ESPAÇO
MOBILIÁRIO
DISPOSITIVOS
DOCUMENTOS
MATÉRIA-PRIMA
	• Eliminar os riscos.
	• Reavaliar os riscos.
		• Adotar medidas para atenuar os efeitos ou eliminar os riscos.
		• Elaborar procedimentos para ação em emergências.
		• Rever/redefinir o uso de EPI/EPC quando aplicável.
		• Após ação específica, redefinir:
		  Gravidade (G1)
		  Urgência (U1)
		  Tendência (T1)
		• Recalcular o risco (R1) efetuando a operação: G1 x U1 x T1.
		• Compare o risco antes da ação (R) com o valor após ação (R1) e verifique se houve redução do risco.
		• Atualize o mapa de risco da área.
			• Procure adotar o princípio de que o uso do EPI (Equipamento de Proteção Individual) seja o último recurso.
			• As ações devem estar concentradas na busca da eliminação das causas.
			• Nem sempre isto é possível de imediato. Enquanto isto não ocorre, minimize o efeito e procure eliminar outro risco.
			• Se, após reavaliação, você verificar que o risco não foi atenuado, com certeza a análise não identificou a causa. Reanalise o problema.
			• Faça este trabalho em sintonia e com orientação da área de segurança ou da CIPA.

Tabela 19

4º S – SENSO DE ASSEIO – FASE DE MANUTENÇÃO

QUESITO	AÇÕES	COMO PROCEDER	OBSERVAÇÕES
ESPAÇO		◆ Consolidar os procedimentos de Emergência e Prevenção.	◆ A avaliação de riscos no ambiente de trabalho é uma determinação legal definida nas normas regulamentadoras do Ministério do Trabalho.
MOBILIÁRIO		◆ Certifique-se de que os procedimentos sejam de conhecimento de todos envolvidos.	◆ Da mesma forma, a lei define que a CIPA (Comissão Interna de Prevenção de Acidentes) deve participar deste mapeamento.
DISPOSITIVOS	◆ Padronizar as ações que resultaram em eliminação ou atenuação de efeitos, comprovadamente.	◆ Atualize o mapa de riscos da área avaliada. ◆ Institua mecanismos "à prova de bobeiras".	◆ Além disto, a lei também define que todo empregado deve conhecer os riscos a que está exposto no ambiente de trabalho.
DOCUMENTOS		◆ Simule situações de emergência como forma de treinamento, periodicamente.	◆ Portanto, os formulários de registro destes dados, constituem documentos que devem ser guardados.
MATÉRIA-PRIMA		◆ Institua uma verificação sistemática do cumprimento dos padrões.	◆ Se sua empresa possui uma área de segurança do trabalho, estes dados devem ser para lá encaminhados.

Tabela 20

SENSO DE ASSEIO – Mapeamento de Riscos Ambientais

Identificação da Área:								Data:
Localização da Área (Árvore de Processos):								Revisão:

REFERÊNCIA	CARACTERÍSTICAS DO RISCO		EMPREGADOS EXPOSTOS			NECESSIDADE DE EPI/EPC	
	FONTE	EFEITO	CARGOS	QTD.	TEMPO	S/N	ESPECIFICAÇÃO

Observações:	*Legenda:* Referência : Número de identificação referente à Tabela 16. Cargos : Denominação do cargo das pessoas expostas. QTD. : Número de pessoas expostas por cargo. Tempo : Tempo médio de exposição das pessoas.	Assinaturas:

Tabela 21

SENSO DE ASSEIO – Análise de não-conformidades

Identificação da Área: Data:
Localização da Área (Árvore de Processos):   Revisão:

Riscos Identificados	COLETA DE DADOS E ANÁLISE					PLANO DE AÇÃO				VERIFICAÇÃO DA REDUÇÃO DO RISCO					NÚMERO DO PADRÃO
	MEDIÇÃO			PRIORIZAÇÃO			AÇÕES CORRETIVAS	QUEM	QUANDO		G1	U1	T1	R1	%RED	
	VALOR	UNIDADE	DATA	G	U	T	R	P									

Observações:

Legenda:
- Valor : Medição no local de trabalho.
- G/G1 : Gravidade do risco (consulte as Tabelas 17 e 18).
- U/U1 : Urgência em eliminar o risco (consulte as Tabelas 17 e 18).
- T/T1 : Tendência do efeito (consulte as Tabelas 17 e 18).
- R/R1 : Risco calculado (consulte as Tabelas 17 e 18).
- P : Prioridade para ação (consulte as Tabelas 17).
- % RED : Relação de redução do risco (consulte a Tabela 18).

Assinaturas dos Auditores:

Assinatura do Gerente:

5.6 — PRATICANDO O SENSO DE AUTODISCIPLINA

Praticar este senso é desenvolver o hábito de observar e seguir normas, regras e procedimentos, atender especificações, sejam elas escritas ou informais.

Entendemos que a prática deste senso pode ser constatada observando e avaliando a rotina estabelecida na implantação dos quatro outros sensos e verificando as melhorias introduzidas em cada um deles. Portanto, a implantação deste senso consiste na avaliação sistemática, feita pela própria área, abrangendo os quatro demais sensos já implantados. Em outras palavras significa utilizar o giro do PDCA na melhoria e manutenção dos ganhos obtidos a partir da consolidação dos outros sensos.

Conseqüentemente, a sua implantação não é feita verificando nenhum quesito específico, embora siga as mesmas fases definidas para os demais sensos, conforme mostram as Tabelas 22, 23 e 24.

A prática do Senso de Autodisciplina assume um papel alavancador da melhoria contínua e contribui para consolidar os conceitos aprendidos e praticados até então, relativos aos quatro outros sensos (Utilização, Ordenação, Limpeza e Asseio).

A conquista do Senso de Autodisciplina se reflete ainda no comportamento e atitudes aprendidas e incorporadas na prática dos outros quatro Sensos.

No dia-a-dia a autodisciplina está associada à prática da cidadania no que se refere ao cumprimento dos deveres de civilidade, ou seja, a observação das formalidades pelos cidadãos entre si em sinal de respeito mútuo e consideração.

Tabela 22

5ºS – SENSO DE AUTODISCIPLINA – FASE DE PREPARAÇÃO

QUESITO	AÇÕES	COMO PROCEDER	OBSERVAÇÕES
O senso de *Autodisciplina* é implantado a partir da observação e verificação de todos os quesitos de todos os quatro primeiros *Sensos*: UTILIZAÇÃO ORDENAÇÃO LIMPEZA ASSEIO	◆ Montar um Programa de Avaliação dos quatro primeiros Sensos. ◆ Divulgar o programa para todos os envolvidos.	◆ Crie uma Folha de Verificação de não-conformidades, baseada nos protocolos de auditoria dos quatro primeiros Sensos. ◆ Estabeleça uma freqüência de avaliação das áreas a serem submetidas ao quinto Senso. ◆ Estabeleça um calendário de avaliação. ◆ Defina um critério para a formação dos grupos de avaliação.	◆ O sistema de avaliação deve ser consolidado por toda a organização, de tal forma que o seu uso e aplicação sejam uniformes. ◆ O sistema de avaliação inclui: - Folha de Verificação de não-conformidade. - Freqüência de avaliação de cada área certificada até o quarto senso. - Período de avaliação. - Critério de formação dos grupos de avaliação.

Tabela 23

5º S – SENSO DE AUTODISCIPLINA – FASE DE IMPLANTAÇÃO

QUESITO	AÇÕES	COMO PROCEDER	OBSERVAÇÕES
O senso de *Autodisciplina* é implantado a partir da observação e verificação de todos os quesitos de todos os quatro primeiros Sensos: UTILIZAÇÃO ORDENAÇÃO LIMPEZA ASSEIO	*Avaliadores* ♦ Verificar os itens constantes da folha de verificação de não-conformidade de acordo com o calendário, freqüência e período definidos. ♦ Emitir o relatório de não-conformidades de acordo com as observações *in loco*. *Área Avaliada* ♦ Lançar o resultado da avaliação em gráfico. ♦ Agir corretivamente para eliminar os itens julgados não-conformes.	♦ Siga criteriosamente o programa de verificação. ♦ Utilize carta de controle para acompanhamento. ♦ Gire o *PDCA* para resolver os problemas identificados: IDENTIFICAÇÃO → OBSERVAÇÃO → ANÁLISE → PLANO DE AÇÃO → AÇÃO → VERIFICAÇÃO → Bloqueio efetivo? — Não (volta) / Sim **Fase 3: Manutenção**	♦ A avaliação deve ser feita no "local real", verificando a "coisa real". ♦ Envolva toda a equipe. O desempenho da área quanto à manutenção dos sensos anteriores é de responsabilidade de todos. ♦ Estimule o *relato de anomalias* na prática dos 5 Sensos.

Tabela 24

5º S – SENSO DE AUTODISCIPLINA – FASE DE MANUTENÇÃO			
QUESITO	AÇÕES	COMO PROCEDER	OBSERVAÇÕES
O senso de *Autodisciplina* é implantado a partir da observação e verificação de todos os quesitos de todos os quatro primeiros *Sensos:* UTILIZAÇÃO ORDENAÇÃO LIMPEZA ASSEIO	♦ Alterar os padrões e os procedimentos tão logo tenha sido identificada a causa fundamental dos desvios. ♦ Divulgar amplamente os novos padrões. ♦ Treinar as pessoas envolvidas na utilização dos padrões modificados.	♦ Discuta com os envolvidos a melhor forma de alterar o padrão. ♦ Procure obter a concordância de todos quanto à mudança do padrão. ♦ Desenvolva material adequado para o treinamento.	♦ Garanta que os novos padrões sejam do conhecimento de todos os envolvidos. ♦ Certifique-se de que toda a equipe está apta a proceder conforme os padrões estabelecidos.

AUDITORIAS CAPÍTULO 6

6.1 — ORIGEM DAS AUDITORIAS

A palavra auditor vem do latim **auditor-oris** e quer dizer **ouvinte**. Isto significa, conceitualmente, que a auditoria nada mais é que uma forma de ouvir a opinião das pessoas sobre como as ações estão sendo conduzidas.

As primeiras auditorias foram executadas por alguns reis que enviavam, a locais distantes, pessoas leigas, encarregadas de levantar, através de listas de verificação, dados sobre aquelas partes do reino, com o objetivo de melhorar a arrecadação dos impostos pagos pelos súditos.

Mesmo com todo o progresso humano, até hoje a função de auditoria é malvista, principalmente pelo fato de a terem transformado em sinônimo de **"sistema de caça a culpados"**. No entanto, esta não é, e nem poderia ser, a conotação dada às auditorias, realizadas pelas empresas que decidem adotar a Gestão da Qualidade Total.

A auditoria tem por objetivo detectar desvios, levantar problemas, os quais devem ser encarados como oportunidades para a melhoria. Deste modo, os auditados devem entender e participar da auditoria como uma etapa do desenvolvimento do seu trabalho.

Para conduzir uma auditoria é necessária a existência de regras ou procedimentos, a partir dos quais os desvios podem ser identificados. Estes procedimentos e práticas constituem os padrões gerenciais e técnicos adotados pelas organizações.

6.2 — CARACTERÍSTICAS DAS AUDITORIAS

As auditorias devem ser baseadas nos seguintes princípios:

- Ser realizadas por pessoas experientes, bem treinadas e independentes da atividade que estiver sendo auditada.
- Buscar comparar as práticas reais e evidentes com as normas, regras e padrões estabelecidos.
- Programadas com antecedência, feita sistematicamente, não devendo ser realizadas somente em momento de crise.
- Abordar e discutir, francamente com os auditados, os desvios revelados pela auditoria, antes do relatório ser enviado para os níveis hierárquicos superiores.
- Utilizar os desvios encontrados com objetivo de orientar ações que garantam a não-reincidência dos problemas e nunca como elementos para punição.

6.3 — HABILIDADES DE UM AUDITOR

Um auditor precisa reunir algumas características e adotar técnicas que garantam o resultado e respeitem os princípios de uma auditoria, dentre os quais destacamos:

- Procurar ler, ver e ouvir atentamente a tudo.
- Utilizar constantemente as perguntas simples "o quê?"; "quem?"; "quando?"; "onde?", "por quê?" e "como?".

- Estar preocupado em esclarecer aos auditados sobre as regras, procedimentos e objetivos da auditoria.
- Gerenciar o tempo estabelecido para a auditoria.
- Reportar com facilidade, sob a forma verbal e escrita.
- Portar-se de maneira ética e cortês, durante e após a auditoria.
- Praticar a diplomacia, o bom senso de julgamento, o poder de análise, a honestidade, a disciplina além de demonstrar interesse e mente aberta para compreender o que está sendo auditado.

6.4 — ETAPAS DE UMA AUDITORIA

É importante ressaltar que só é possível conduzir uma auditoria com sucesso praticando o giro do PDCA, cujas etapas são discutidas em seguida.

6. 4. 1 — Planejamento da Auditoria (P)

Antes de iniciar uma auditoria, deve ser estabelecido:

- A equipe de auditores;
- O local a ser auditado;
- O dia, data e horários;
- Quem será o líder da equipe;
- Qual o papel de cada um;
- Que documentação é necessária;
- Quem é o responsável pela área a ser auditada;
- Como será conduzida a auditoria.

6.4.2 — Realização da Auditoria (D)

A realização da auditoria é precedida pelas seguintes ações:

- Apresentação dos membros do grupo auditor e dos acompanhantes da área auditada, entre si.
- Confirmação dos objetivos da auditoria.
- Acordar o melhor roteiro para verificação de campo.
- Dar conhecimento aos auditados das normas e padrões a serem utilizados na condução da auditoria.

Durante a auditoria, o auditor deve desenvolver as seguintes ações:

- Utilizar de todos os sentidos (visão, audição, tato, olfato) para detectar desvios.
- Consultar sempre a documentação disponível para avaliar desvios e justificá-los para os auditados.
- Assegurar que todos os aspectos estão de fato sendo observados.
- Reportar e discutir com o auditado, de maneira verbal, as anomalias que for encontrando. Anotá-las devidamente para compor o relatório.
- Criar e conduzir a auditoria num clima de cordialidade e positividade.
- Não exceder o tempo previsto, sem com isto deixar de cumprir toda a programação.
- Após o término da auditoria, relatar os aspectos positivos encontrados.
- Esclarecer dúvidas com os auditados.
- Relatar as anomalias identificadas, baseado em evidências objetivas e discuti-las com os auditados.
- Contribuir com sugestões e recomendações.
- Documentar a auditoria com a emissão de um relatório formal.

6.4.3 — Avaliação da Auditoria (C)

Ao final de qualquer auditagem, o líder do grupo de auditoria deve reunir-se com o grupo auditor e avaliar o planejamento e a condução da auditoria, sobre todos os aspectos. É importante buscar também a avaliação dos auditados. Isto contribui sobremaneira para o aperfeiçoamento do processo de auditoria e ajuda a estreitar as relações entre auditor e auditado.

6.4.4 — Ações Corretivas (A)

Como em qualquer outro processo, as falhas, desvios e dificuldades observados durante a auditoria devem ser sempre analisados de tal forma que ações possam ser tomadas, procurando eliminar estes problemas nas auditorias seguintes.

CERTIFICAÇÃO NO 5 S — CAPÍTULO 7

7.1 — AUDITORIA DE CERTIFICAÇÃO

A certificação nos 5 S é feita através de auditorias, denominadas Auditorias de Certificação, cujo objetivo é constatar e informar que naquele local existem todas as condições para que o estágio do "S" em questão possa ser mantido e melhorado.

Portanto, a Auditoria de Certificação não caracteriza uma área, ou conjunto de áreas, como um local onde determinado conceito "S" esteja definitivamente implantado.

Desta forma, a Auditoria de Certificação procura verificar a existência e o efetivo uso de procedimentos (padrões) que garantam a manutenção do estágio alcançado e conquistado com a aplicação dos conceitos de cada senso.

Pensando nisso, introduzimos o conceito de verificação de não-conformidade de maneira a facilitar a implantação de cada "Senso" e permitir à área se preparar de fato para ser certificada, conforme já comentado no Capítulo 4.

7.2 — PREPARAÇÃO PARA AUDITORIA DO 5 S

A preparação para a Auditoria de Certificação é a verificação de não-conformidade executada pela própria equipe da área onde o senso está sendo implantado, podendo ser envolvidas outras pessoas que não trabalham rotineiramente no local.

Na nossa prática sugerimos que participem desta verificação um "**cliente**", um "**fornecedor**" da área a ser verificada, além do responsável pela área e outros funcionários que ele indicar.

Os passos para condução da verificação de não-conformidade são mostrados nas Figuras 20 e 21.

O resultado desta verificação é um plano de ação para eliminação dos itens julgados não-conformes, elaborado pela equipe envolvida na implantação, de tal forma que eles próprios estabeleçam quando estarão aptos a ser submetidos à Auditoria de Certificação.

Isto, além de introduzir clareza no processo, autonomia para as áreas, permite o planejamento das ações de implantação do programa por parte daquele que tem responsabilidade sobre os resultados e autoridade sobre os meios que geram estes resultados, além de respeitar o ritmo de implantação de cada área, naturalmente diferentes e dependentes de diversos fatores, entre os quais a complexidade e natureza do trabalho desenvolvido naquela unidade.

Por se tratar de uma preparação, estas verificações são orientadas pelos mesmos questionários ou protocolos utilizados nas Auditorias de Certificação.

O resultado desta verificação de não-conformidade é um plano de ação para eliminação os itens não-conformes. Naturalmente, este plano é elaborado pela equipe auditada. Ao serem estabelecidas as ações de bloqueio, fica também definido quando esta área poderá ser submetida à certificação, se todas as ações forem executadas e serem suficientes para eliminar os itens indicados como não-conformes. O registro destes elementos é feito num documento, conforme mostra a Figura 22.

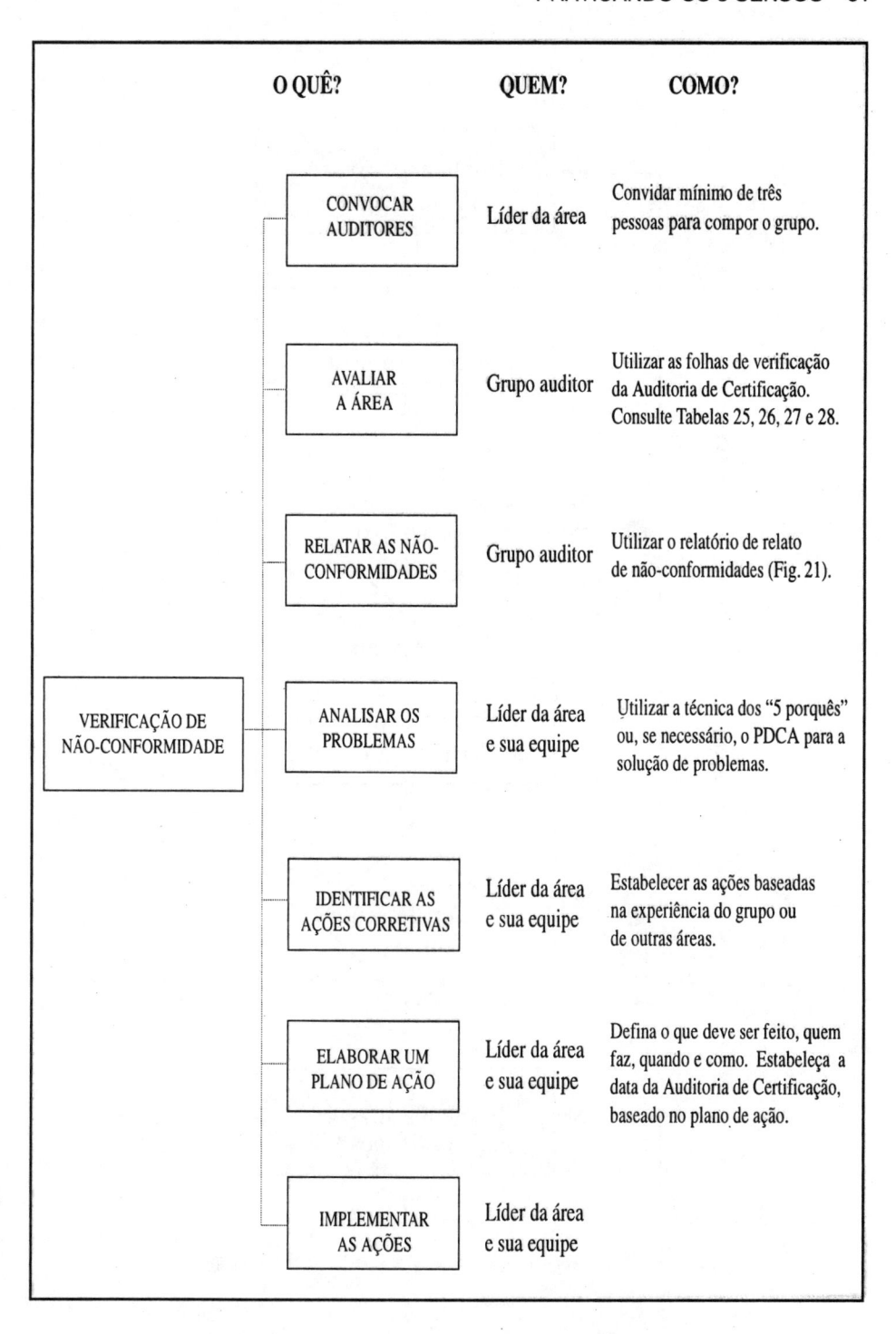

	O QUÊ?	QUEM?	COMO?
	CONVOCAR AUDITORES	Líder da área	Convidar mínimo de três pessoas para compor o grupo.
	AVALIAR A ÁREA	Grupo auditor	Utilizar as folhas de verificação da Auditoria de Certificação. Consulte Tabelas 25, 26, 27 e 28.
	RELATAR AS NÃO-CONFORMIDADES	Grupo auditor	Utilizar o relatório de relato de não-conformidades (Fig. 21).
VERIFICAÇÃO DE NÃO-CONFORMIDADE	ANALISAR OS PROBLEMAS	Líder da área e sua equipe	Utilizar a técnica dos "5 porquês" ou, se necessário, o PDCA para a solução de problemas.
	IDENTIFICAR AS AÇÕES CORRETIVAS	Líder da área e sua equipe	Estabelecer as ações baseadas na experiência do grupo ou de outras áreas.
	ELABORAR UM PLANO DE AÇÃO	Líder da área e sua equipe	Defina o que deve ser feito, quem faz, quando e como. Estabeleça a data da Auditoria de Certificação, baseado no plano de ação.
	IMPLEMENTAR AS AÇÕES	Líder da área e sua equipe	

FIG. 20 — PREPARAÇÃO PARA CERTIFICAÇÃO.

82 CERTIFICAÇÃO NO 5 S

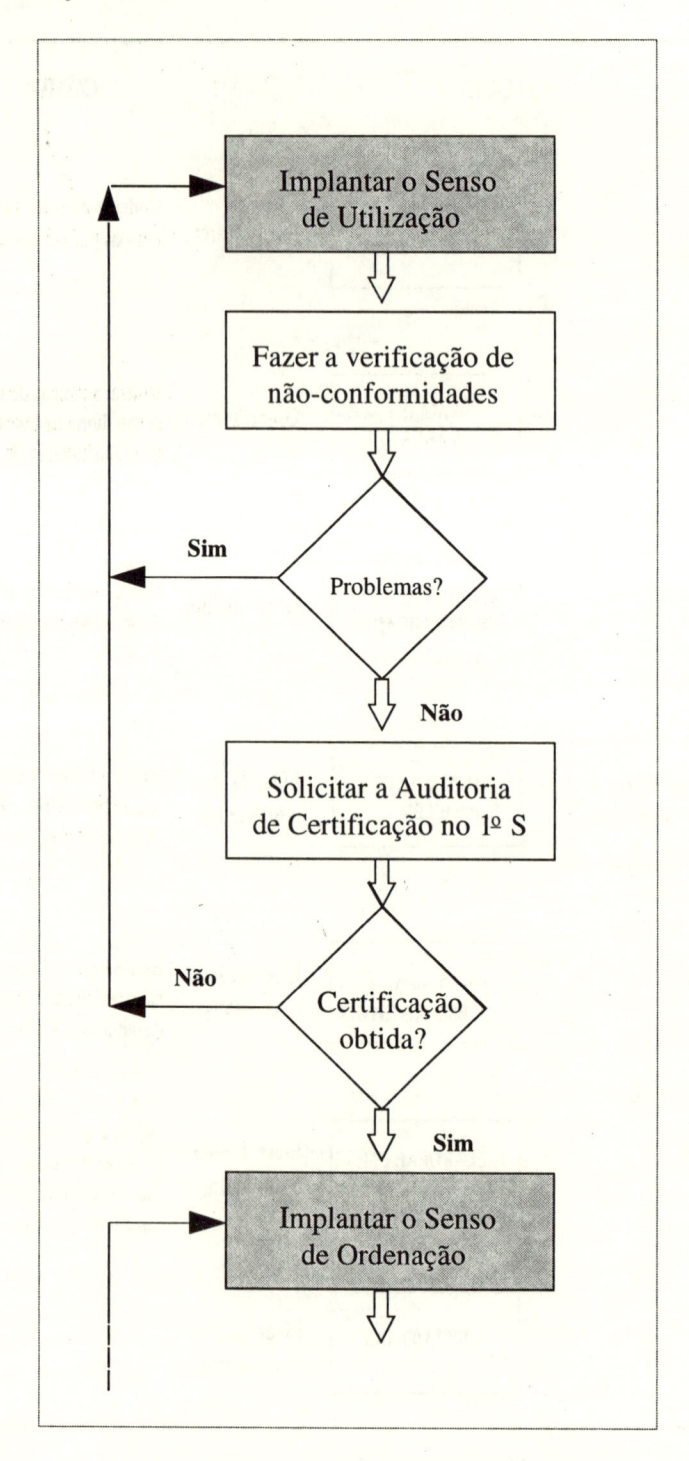

```
┌─────────────────────────┐
│  Implantar o Senso      │
│     de Utilização       │
└─────────────────────────┘
            ↓
┌─────────────────────────┐
│  Fazer a verificação de │
│    não-conformidades    │
└─────────────────────────┘
            ↓
      ◇ Problemas? ◇  — Sim → (volta)
            ↓ Não
┌─────────────────────────┐
│  Solicitar a Auditoria  │
│ de Certificação no 1º S │
└─────────────────────────┘
            ↓
     ◇ Certificação ◇  — Não → (volta)
        obtida?
            ↓ Sim
┌─────────────────────────┐
│  Implantar o Senso      │
│     de Ordenação        │
└─────────────────────────┘
            ↓
```

FIG. 21 — PASSOS PARA A CERTIFICAÇÃO.

RELATÓRIO DE NÃO-CONFORMIDADES

SENSO DE : _____   DATA:

Área   : _____

PROBLEMAS:

O grupo de verificação, definido pela área, *identifica os problemas* relativos ao "S" em questão, baseado nos conceitos e utilizando a folha de verificação da auditoria de Certificação do Senso que está sendo verificado

O líder da área, junto com sua equipe, *define as ações corretivas*, de acordo Com os problemas identificados, e elabora um Plano de Ação para implementá-las. Baseado no plano, ele estabelece também a data na qual a área estará preparada para ser submetida à Auditoria de Certificação.

AÇÕES	RESPONSÁVEL	QUANDO

Auditoria de Certificação   Grupo auditor   *Data:*

Assinaturas dos participantes: Assinatura do Gerente

FIG. 22.

7.3 — FORMA DE AUDITAR O 5 S

As auditorias de certificação são baseadas em observações no local auditado, fundamentadas nos conceitos discutidos no Capítulo 4 e orientadas por perguntas objetivas. Estas perguntas abrangem cada quesito (Espaço, Mobiliário, Dispositivos, Documentos e Matéria-Prima) em cada fase do processo (Preparação, Implantação e Manutenção).

As respostas a cada pergunta formulada são classificadas em "**vermelho**" (não conforme), "**amarelo**" (conforme com restrições), e "**verde**" (conforme). A cada conceito destes é associado um número de pontos, cuja composição resultará em conceitos atribuídos a cada quesito avaliado (Espaço, Mobiliário, Dispositivos, Documentos e Matéria-Prima). A composição dos quesitos resulta na avaliação global da área auditada, também classificada como "vermelho", "amarelo" e "verde".

A consolidação dos conceitos é obtida a partir do consenso entre os membros do grupo auditor, respeitados os critérios estabelecidos.

Os modelos de folha de verificação, utilizados na Auditoria, são mostrados nas Tabelas 25, 26, 27 e 28, correspondentes à verificação dos sensos de Utilização, Ordenação, Limpeza e Asseio, respectivamente.

A auditoria de certificação para o Senso de Autodisciplina não tem uma folha de verificação específica. Neste caso, a verificação é conduzida na própria avaliação feita pela área relativa aos quatro outros sensos implantados, no Plano de Ação e nos resultados obtidos através das ações de manutenção e melhoria. Em outras palavras, a verificação do quinto senso é de natureza mais documental.

As auditorias de certificação poderão ser repetidas tantas vezes quanto necessárias, até que a área seja certificada. Porém, a experiência tem demonstrado que a utilização criteriosa dos conceitos na implantação e uma verificação de não-conformidade bem-feita, são suficientes para conquistar a certificação na primeira auditoria.

PRATICANDO OS 5 SENSOS 85

Tabela 25 — Folha de Verificação

Auditoria de Certificação – Senso de Utilização

QUESITO	FASE	VERIFICAÇÃO	Não-conforme (Vermelho)	Com restrições (Amarelo)	Conforme (Verde)	Total P x I x M Vermelho	Total P x I x M Amarelo	Total P x I x M Verde
ESPAÇO (E)	Preparação (P)	Os espaços estão adequados com as atividades desenvolvidas?	0	1	2			
	Implantação (I)	O lay-out é funcional e seguro?	1	2	3			
	Manutenção (M)	O lay-out está padronizado?	1	3	4			
MOBILIÁRIO (MB)	Preparação (P)	As mobílias foram identificadas e são compatíveis com as necessidades?	0	1	2			
	Implantação (I)	A quantidade é adequada?	1	2	3			
	Manutenção (M)	Existe registro de móveis e procedimentos para inclusão/exclusão?	1	3	4			
DISPOSITIVOS (DP)	Preparação (P)	Os dispositivos foram identificados e são compatíveis com as atividades?	0	1	2			
	Implantação (I)	A quantidade é adequada ao uso e consumo?	1	2	3			
	Manutenção (M)	Existe registro dos dispositivos e procedimentos para inclusão/exclusão?	1	3	4			
DOCUMENTOS (DC)	Preparação (P)	Os documentos e dados foram identificados e são de fato necessários?	0	1	2			
	Implantação (I)	Existe multiplicidade, falta ou desatualização de documentos e dados?	1	2	3			
	Manutenção (M)	Existe procedimento de recebimento, guarda, expedição e descarte?	1	3	4			
MATÉRIA-PRIMA (MP)	Preparação (P)	Os materiais de consumo foram identificados e são de fato necessários?	0	1	2			
	Implantação (I)	A quantidade estocada é adequada ao consumo?	1	2	3			
	Manutenção (M)	Existem procedimentos de controle de estoque e consumo?	1	3	4			

TOTAL GERAL= [Total (E) + Total (MB) + Total (DP) + Total (DC) + Total (MP)] / 5

Critérios de certificação:

    0 a 11 pontos : conceito "VERMELHO"
    12 a 17 pontos : conceito "AMARELO"
    18 a 24 pontos : conceito "VERDE"

AUDITORES:

Tabela 26 — Folha de Verificação

Auditoria de Certificação – Senso de Ordenação

QUESITO	FASE	VERIFICAÇÃO	RESPOSTAS			Total P x I x M		
			Não-conforme (Vermelho)	Com restrições (Amarelo)	Conforme (Verde)	Vermelho	Amarelo	Verde
DISPOSITIVOS (DP)	Preparação (P)	Os dispositivos estão agrupados conforme a função ou natureza?	0	1	2			
	Implantação (I)	A disposição e sinalização facilitam a localização, retirada e reposição?	1	2	3			
	Manutenção (M)	Existem procedimentos ou meios de verificação da manutenção da ordem?	1	3	4			
DOCUMENTOS (DC)	Preparação (P)	Os documentos estão ordenados por assunto, aplicação, data, etc.?	0	1	2			
	Implantação (I)	A forma de ordenação e sinalização facilitam a localização e guarda?	1	2	3			
	Manutenção (M)	Existem procedimentos ou meios de verificação da manutenção da ordem?	1	3	4			
MATÉRIA-PRIMA (MP)	Preparação (P)	A matéria-prima está agrupada por natureza, aplicação, características, etc.?	0	1	2			
	Implantação (I)	A disposição e sinalização facilitam a localização, retirada e reposição?	1	2	3			
	Manutenção (M)	Existem procedimentos ou meios de verificação da manutenção da ordem?	1	3	4			
TOTAL GERAL = [Total (DP) + Total (DC) + Total (MP)] / 3								

AUDITORES:

Critérios de certificação:

    0 a 11 pontos : conceito "VERMELHO"
    12 a 17 pontos : conceito "AMARELO"
    18 a 24 pontos : conceito "VERDE"

Tabela 27 — Folha de Verificação

Auditoria de Certificação – Senso de Limpeza

QUESITO	FASE	VERIFICAÇÃO	RESPOSTAS			Média		
			Não-conforme (Vermelho)	Com restrições (Amarelo)	Conforme (Verde)	Vermelho	Amarelo	Verde
ESPAÇO	PREPARAÇÃO (P)	O aspecto do ambiente de trabalho demonstra limpeza?	0	1	2			
		O mobiliário está com aspecto limpo?	0	1	2			
MOBILIÁRIO		Os quadros de avisos estão despoluídos?	0	1	2			
		Os relatórios e dados estão atualizados?	0	1	2			
DISPOSITIVOS		Os dispositivos estão sendo limpos após o uso?	0	1	2			
		As fontes e as causas de sujeira foram identificadas?	0	1	2			
DOCUMENTOS	IMPLANTAÇÃO (I)	Existe um plano de ação para eliminação das fontes e causas?	0	1	2			
		As ações definidas no plano foram implementadas?	1	2	3			
		Existe um responsável pela manutenção da limpeza em cada local?	1	2	3			
		Existe uma rotina de eliminação da sujeira não evitável?	1	2	3			
MATÉRIA-PRIMA	MANUTENÇÃO (M)	Os procedimentos de limpeza estão definidos e sendo aplicados?	2	3	4			
		Existe procedimento de avaliação sistemática da limpeza do local?	2	3	4			
		Foram estabelecidos mecanismos e meios para evitar sujeira?	2	3	4			
TOTAL GERAL = [Média (PREPARAÇÃO) x Média (IMPLANTAÇÃO) x Média (MANUTENÇÃO)]								

AUDITORES:

Critérios de certificação:
    0 a 11 pontos : conceito "VERMELHO"
    12 a 17 pontos : conceito "AMARELO"
    18 a 24 pontos : conceito "VERDE"

Tabela 28 — Folha de Verificação

Auditoria de Certificação – Senso de Asseio

RISCOS	FASE	VERIFICAÇÃO	Não-conforme (Vermelho)	Com restrições (Amarelo)	Conforme (Verde)	Vermelho	Amarelo	Verde
FÍSICOS	PREPARAÇÃO (P)	Os fatores de risco no ambiente de trabalho foram levantados?	0	1	2			
FÍSICOS	PREPARAÇÃO (P)	As fontes de risco foram identificadas?	0	1	2			
FÍSICOS	PREPARAÇÃO (P)	As pessoas expostas foram quantificadas?	0	1	2			
FÍSICOS	PREPARAÇÃO (P)	Os riscos e o tempo de exposição foram identificados?	0	1	2			
QUÍMICOS	PREPARAÇÃO (P)	A necessidade de uso de equipamento de proteção foi avaliada?	0	1	2			
QUÍMICOS	PREPARAÇÃO (P)	As causas e/ou fontes de risco foram identificadas?	0	1	2			
BIOLÓGICOS	PREPARAÇÃO (P)	Existe um Plano de Ação para eliminação de riscos?	0	1	2			
ERGONÔMICOS	IMPLANTAÇÃO (I)	As ações definidas para atenuar efeitos/eliminar riscos são efetivas?	1	2	3			
ERGONÔMICOS	IMPLANTAÇÃO (I)	Os Planos de Emergência foram elaborados?	1	2	3			
ERGONÔMICOS	IMPLANTAÇÃO (I)	Houve redução de riscos na área avaliada?	1	2	3			
ACIDENTES	MANUTENÇÃO (M)	O mapa de riscos da área avaliada está atualizado?	2	3	4			
ACIDENTES	MANUTENÇÃO (M)	Os procedimentos adotados são de conhecimento e uso geral?	2	3	4			
ACIDENTES	MANUTENÇÃO (M)	Existe verificação sistemática dos procedimentos e padrões?	2	3	4			
TOTAL GERAL = [Média (PREPARAÇÃO) x Média (IMPLANTAÇÃO) x Média (MANUTENÇÃO)]								

AUDITORES:

Critérios de certificação:
  0 a 11 pontos : conceito "VERMELHO"
  12 a 17 pontos : conceito "AMARELO"
  18 a 24 pontos : conceito "VERDE"

7.4 — OS GRUPOS AUDITORES

Estabelecemos que o grupo auditor fosse composto, no mínimo, pelo maior nível hierárquico da área auditada, um representante dos níveis hierárquicos intermediários de outra área que não a auditada e um representante da Coordenação de Implantação da Qualidade. Portanto, o grupo mínimo é composto de três pessoas, podendo chegar a cinco, a critério da pessoa que coordena o grupo auditor.

A participação do maior nível hierárquico como condutor e coordenador do grupo auditor, além de demonstrar compromisso com o programa, constitui uma oportunidade para verificação sistemática do uso dos recursos (máquinas, equipamentos, dispositivos, matéria-prima etc.) na sua área de autoridade, aproxima os diversos níveis da organização, possibilitando o melhor conhecimento dos problemas, dificuldades, carências, esforços, criatividade, empenho etc.

7.5 — CRITÉRIO DE CERTIFICAÇÃO

A área auditada será certificada quando alcançar o conceito **"VERDE"** na média total dos quesitos avaliados, admitindo-se no **máximo 1 QUESITO** com conceito **"AMARELO"**. Qualquer quesito com conceito **"VERMELHO"**, independente da conceituação média total, impedirá a área de ser certificada.

Para efeito de classificação dos conceitos, o seguinte critério é adotado:

De   0 a 11   pontos .... Conceito   "VERMELHO"
De   12 a 17   pontos .... Conceito   "AMARELO"
De   18 a 24   pontos .... Conceito   "VERDE"

7.6 — RECONHECIMENTO

É importante para o sucesso do programa que haja alguma forma de reconhecimento aos esforços e conquista das equipes. As formas podem ser as mais diversas e criativas.

Porém, não recomendamos a premiação em dinheiro ou bens materiais, por acreditar que fatores extrínsecos às pessoas não as motivam, apenas as fazem movimentar para alcançar o objetivo e que este movimento tende a cessar, assim que o efeito da recompensa se esvai.

A motivação de fato é pessoal e está associada aos valores individuais das pessoas e ao seu meio. Portanto, o reconhecimento na forma de premiação com bens, inclusive dinheiro, pode colocar em risco o sucesso de qualquer programa cuja essência seja a mudança de comportamento das pessoas.

Como forma de reconhecimento e como meio de motivação, temos adotado os seguintes instrumentos:

- Publicação nominal das áreas certificadas nos quadros de avisos.
- Indicação das melhores áreas como passagem obrigatória nos roteiros de visitantes.
- Visita da alta administração às áreas de destaque.
- Oportunidade para mostrar o trabalho de implantação, os resultados e as dificuldades em seminários internos.
- Entrega de um certificado a cada área que alcança o estágio "verde", de acordo com os critérios definidos, assinados pela alta administração.
- Entrega de um "distintivo" a cada membro das equipes certificadas nos três Sensos (Utilização, Ordenação e Limpeza), outro relativo à conquista do quarto Senso e outro referente aos cinco Sensos.

Apesar de todos estes símbolos, o mais importante é que cada um sinta orgulho de sua conquista ou de ter contribuído para a conquista de um objetivo da equipe a que pertence. Esta é a maior forma de reconhecimento, pois ela alavanca a automotivação.

CONCLUSÕES CAPÍTULO 8

A forma encontrada e adotada para a condução da Implantação do Programa 5 S não foi criada no início da implantação, em 1992. Ela é o resultado do giro do PDCA na implantação, observando os problemas, analisando-os e buscando definir as causas e ações de bloqueio.

Procuramos não apresentar, ou mostrar ao longo do texto, resultados físicos decorrentes da implantação do Programa. Julgamos que estes resultados são facilmente deduzidos por cada um que venha ler este texto. Além disto, esperamos que o leitor aplique estes conceitos e verifique os resultados no seu ambiente, seja no trabalho ou na vida pessoal.

O que procuramos apresentar como resultados são as dificuldades que comumente encontramos na implantação, associadas à continuidade, consistência, uniformidade na utilização dos conceitos, comprometimento dos níveis gerenciais, dentre outros.

Assim como outros que tentaram a implantação dos 5 S, também tivemos, no início, retrocessos, ações eufóricas não estruturadas que pereceram, dificuldades de convencimento dos níveis gerenciais, desconfiança quanto aos benefícios da adoção dos conceitos etc.

No entanto, todas estas dificuldades são hoje parte do passado e constituíram a alavanca de desenvolvimento do conteúdo deste texto, de tal forma que hoje podemos afirmar e confirmar que a condução da implantação do Programa 5 S, segundo esta forma, tem garantido que:

- Os conceitos estão assimilados por toda a organização de maneira consistente e uniforme.
- A participação é integral e uniforme, envolvendo áreas classificadas como administrativas e operacionais.
- O programa está se mantendo vivo e tem continuidade assegurada.
- O programa é integralmente conduzido pelos níveis gerenciais e tem participação de todos os funcionários, não dependendo de ações de alavancagem por parte do Escritório da Qualidade.
- As Auditorias de Certificação, embora conduzidas por grupos diferentes nas diversas áreas, têm sido homogêneas, e, nem por isto temos tido reclamações de que determinada área tenha sido certificada, sem que apresentasse condições para tal. Isto significa que a forma como está estruturado o programa dificulta a subjetividade na avaliação.
- Não temos observado retrocesso nas áreas certificadas, pois o objetivo não é obter a certificação. A certificação é uma conseqüência da prática objetiva dos conceitos, de forma estruturada.
- A forma definida para a prática do quinto Senso promove a melhoria contínua e assegura a continuidade do programa de forma dinâmica, atendendo ao conceito de autodisciplina.
- Especificamente, a condução da implantação do quarto Senso, na forma como foi estruturado, além de ser

inédita no enfoque e na objetividade, permite utilizar, o Programa 5 S associado a um Programa de Higiene Industrial, onde:

— Cada funcionário passa a entender e conhecer os riscos ambientais no seu local de trabalho.

— Promove um aumento da sinergia em ações na busca da diminuição, eliminação dos riscos e bloqueio das causas.

— A responsabilidade e ações de condução do Programa de Higiene Industrial deixa de ser somente do Departamento de Segurança e Saúde Ocupacional, mas é assumido como responsabilidade de cada gerente, cada gestor de processo.

— Sistematicamente, o mapeamento de riscos é atualizado, com participação de todos, conforme determina a legislação em vigor.

— Como conseqüência, as ações de melhoria do ambiente de trabalho e a eliminação de riscos à saúde e à integridade das pessoas são abordadas de maneira clara, transparente e estruturada, integrando-se aos demais objetivos de busca de melhoria da qualidade de produtos, serviços e processos.

Certamente, temos ainda um longo caminho a percorrer e muito a aprender. A implantação ainda está em curso. Ilustrando esta afirmação, contabilizamos que, dentre as 164 áreas definidas para implantação dos conceitos, 95% estão certificadas no 1º S, 95% estão certificadas no 2º S, 88% estão certificadas no 3º S, 64% estão na fase de implantação do 4º S, e 5% estão na fase de implantação do 5º Senso.

Isto significa que outras dificuldades estão por vir e, conseqüentemente, esta forma de conduzir a implantação estará sendo revista à medida que os problemas apareçam e suas causas sejam identificadas.

Deste modo, sua contribuição é bem-vinda. Se você tiver alguma sugestão, comentário ou dúvida sobre o conteúdo apresentado neste texto, por favor, não exite em fazer contato.

No final do livro, acrescentamos uma folha destacável para que você possa registrar suas críticas e sugestões.

BIBLIOGRAFIA

- Campos, V. F. — *TQC — Controle da Qualidade Total (no Estilo Japonês)*, Fundação Christiano Ottoni, Universidade Federal de Minas Gerais, Belo Horizonte, MG, 1992.

- _____, — *TQC — Gerenciamento da Rotina do Trabalho do Dia-a-Dia*, Fundação Christiano Ottoni, Universidade Federal de Minas Gerais, Belo Horizonte, MG, 1994.

- _____, — *TQC — Gerência da Qualidade Total (Estratégia para Aumentar a Competitividade da Empresa Brasileira*, Fundação Christiano Ottoni — Universidade Federal de Minas Gerais, Belo Horizonte, MG, 1989.

- Davis, K. — *Comportamento Humano no Trabalho*, Biblioteca Pioneira de Administração e Negócios, São Paulo, 1992.

- Hersey, P. & Blanchard K. — *Psicologia para Administradores: A Teoria e as Técnicas da Liderança Situacional*, Editora Pedagógica e Universitária Ltda., São Paulo, 1986.

- Kondo, I. — *Human Motivation*, A Key Factor for Management, Japanese Standards Association, Japão, 1989.

BIBLIOGRAFIA

- Lapa, R. P. — "Atividades de 5 S no Japão", artigo publicado pela Associação Central das Indústrias Japonesas, Japão, 1993.
- Miyauchi, I., JUSE (Japanese Union of Scientists and Engineers), notas de palestra promovida pela Fundação Christiano Ottoni, Universidade Federal de Minas Gerais, Belo Horizonte, traduzidas por Bertozzi, M., 1990.
- _____, JUSE (Japanese Union of Scientists and Engineers), notas de palestra promovida pela Fundação Christiano Ottoni, Universidade Federal de Minas Gerais, Belo Horizonte, traduzidas por Lapa, R. P., 1992.
- MRN — *Manual de Certificação 5 S*, revisão: abril, 1994.
- Ribeiro, H. — *5 S: Um Roteiro para uma Implantação Bem-Sucedida*, Casa da Qualidade Editora, Salvador, BA, 1994.
- Silva, J. M., *5 S — O Ambiente da Qualidade*, Fundação Christiano Ottoni. Universidade Federal de Minas Gerais, Belo Horizonte, Brasil, 1992.

PARA CRÍTICAS E SUGESTÕES

Para: Reginaldo Pedreira Lapa
Porto Trombetas — PA
CEP: 68275-000
Tel./Fax: (091) 549-1398
Fax: (091) 549-1482
e-mail: lapa@supridad.com.br

De: Nome:..
Cargo: ....
Empresa:..
Fax: ( )...............Tel.: ( ).......................

Críticas:

....
....
....
....
....

Sugestões:

....
....
....
....
....

Obrigado pela colaboração.